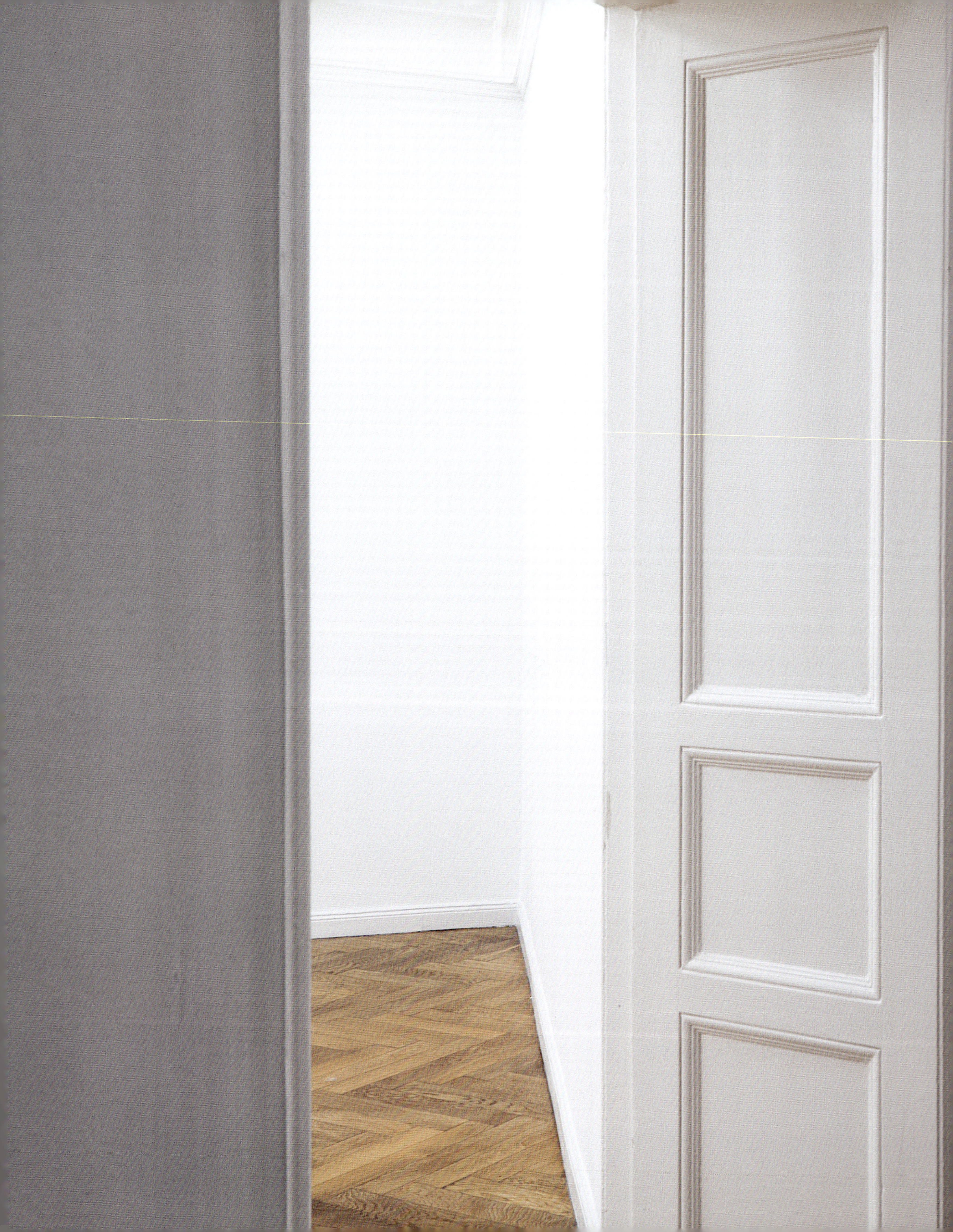

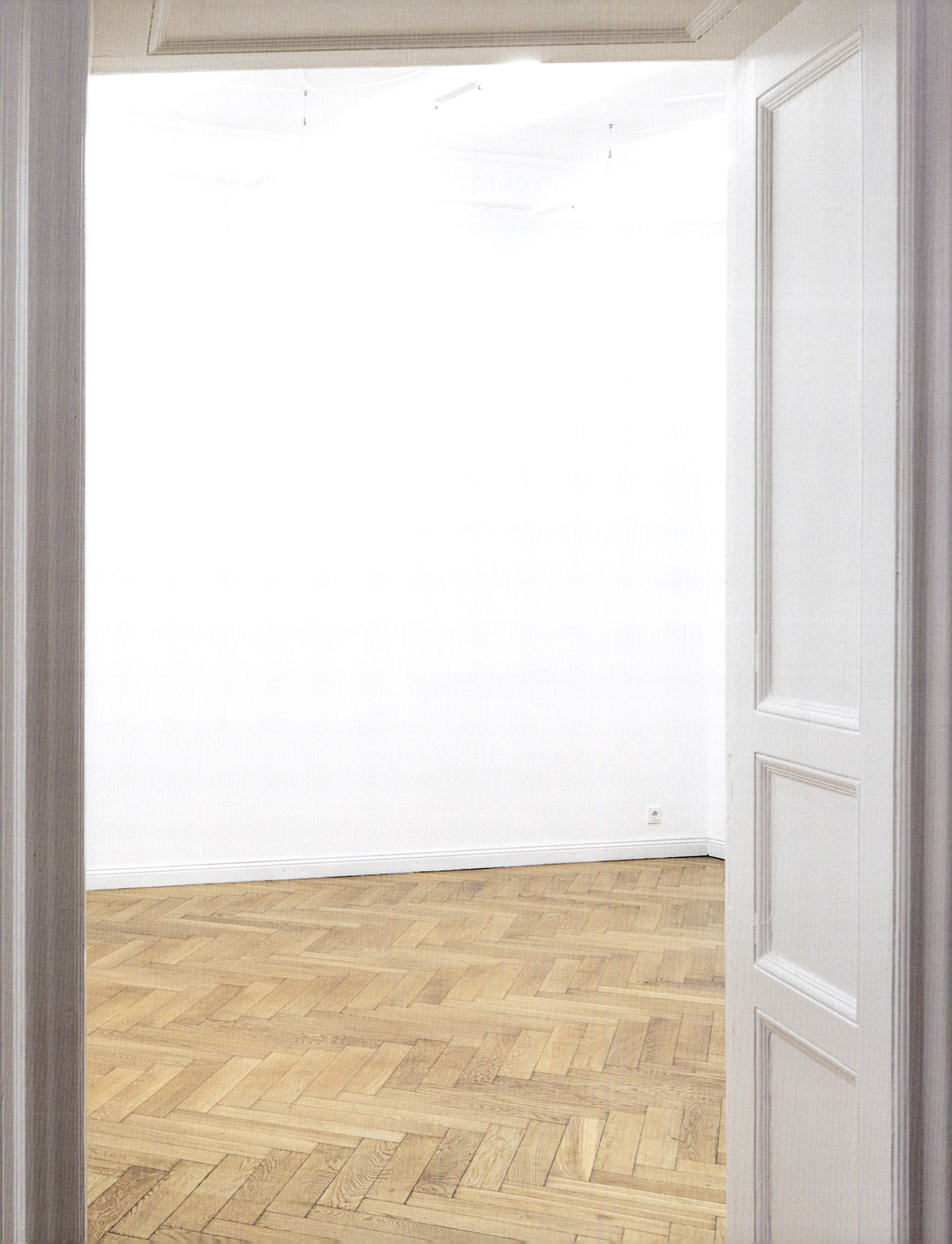

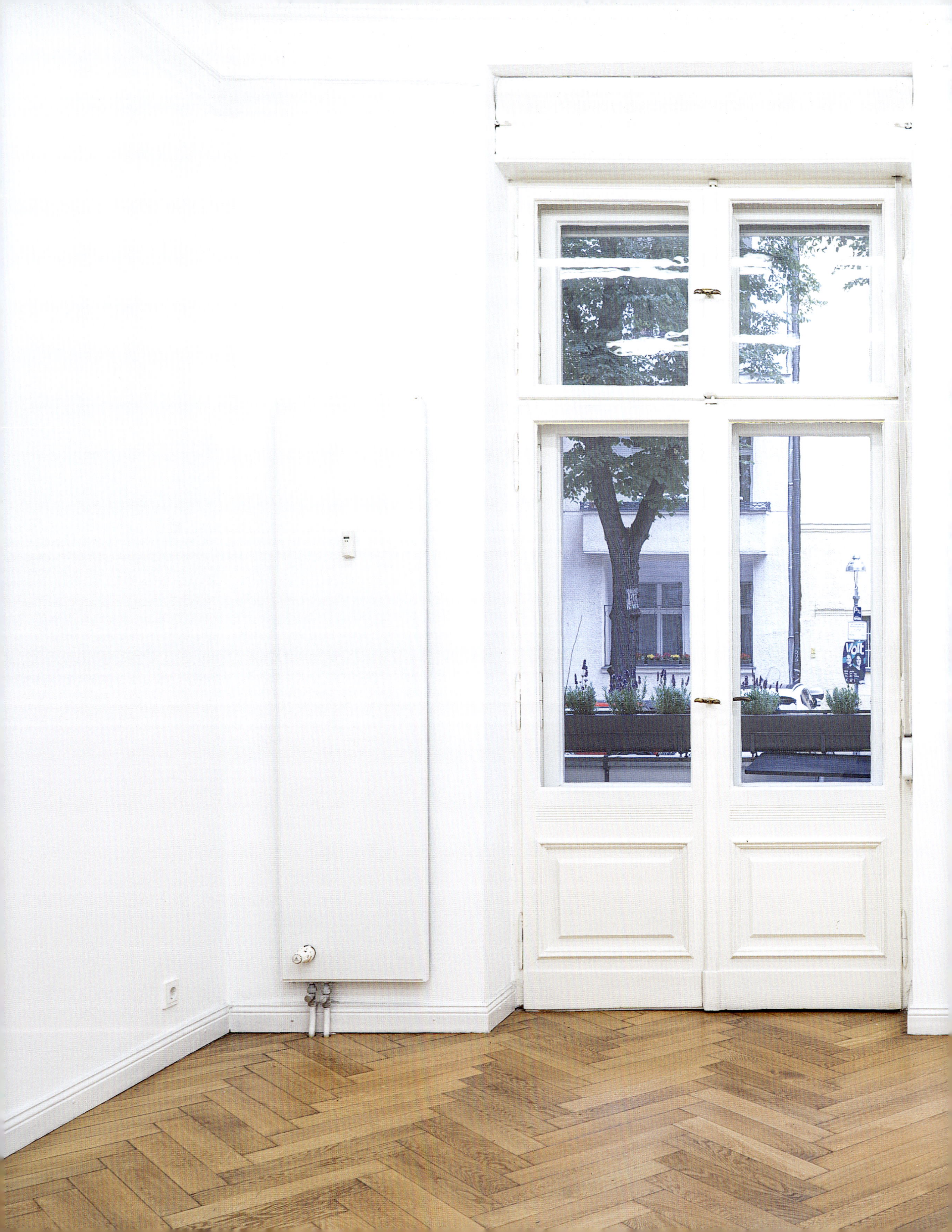
Volt

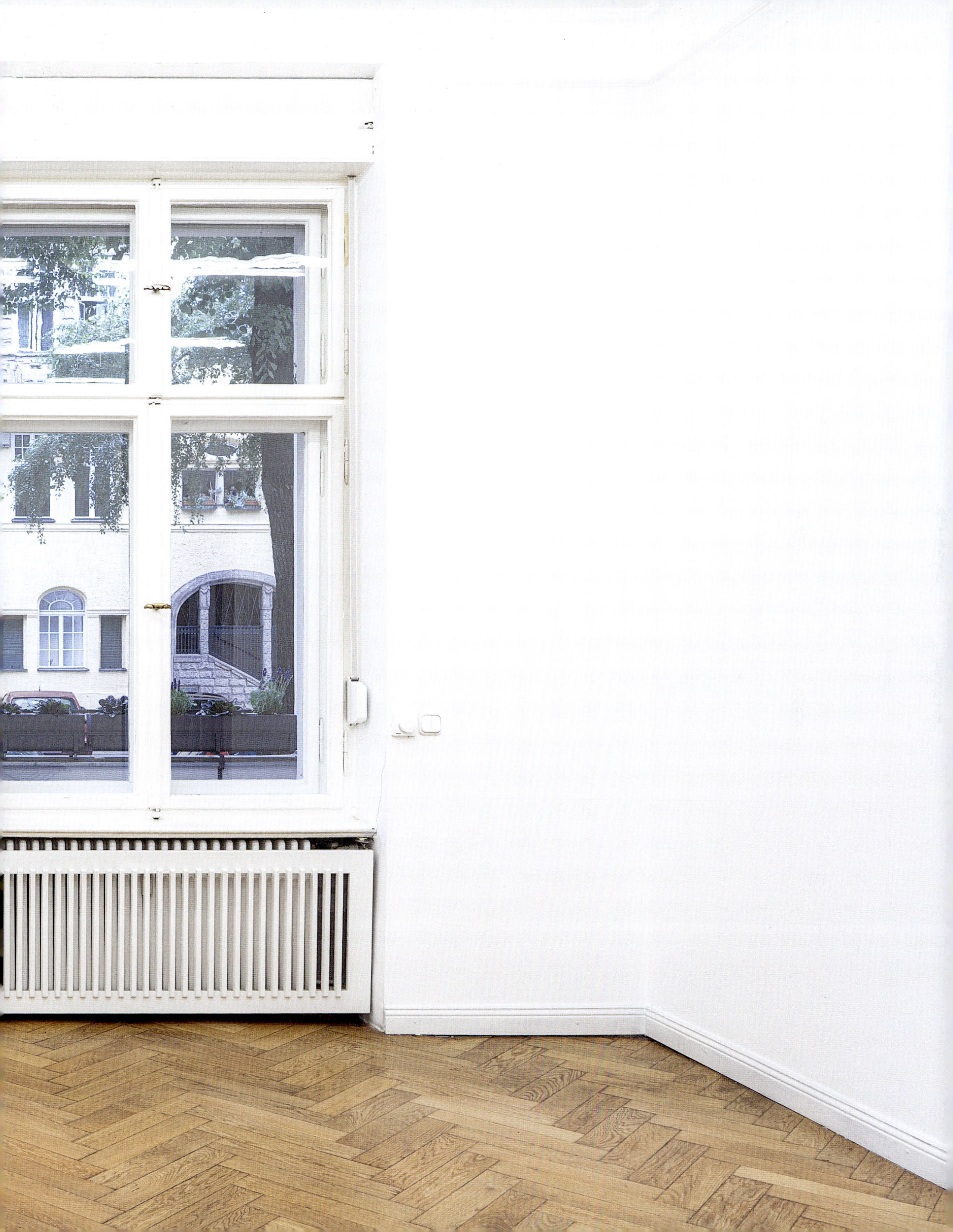

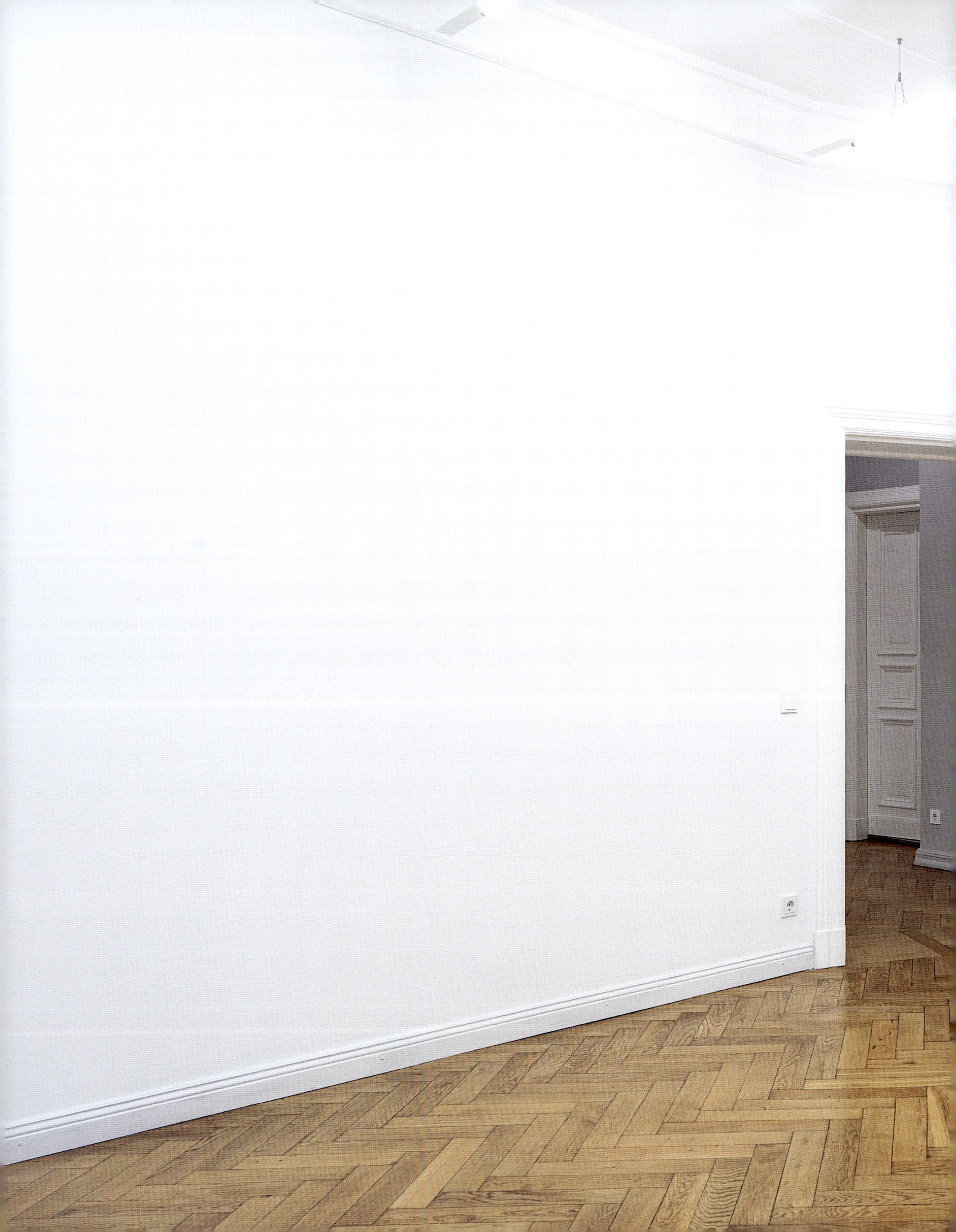

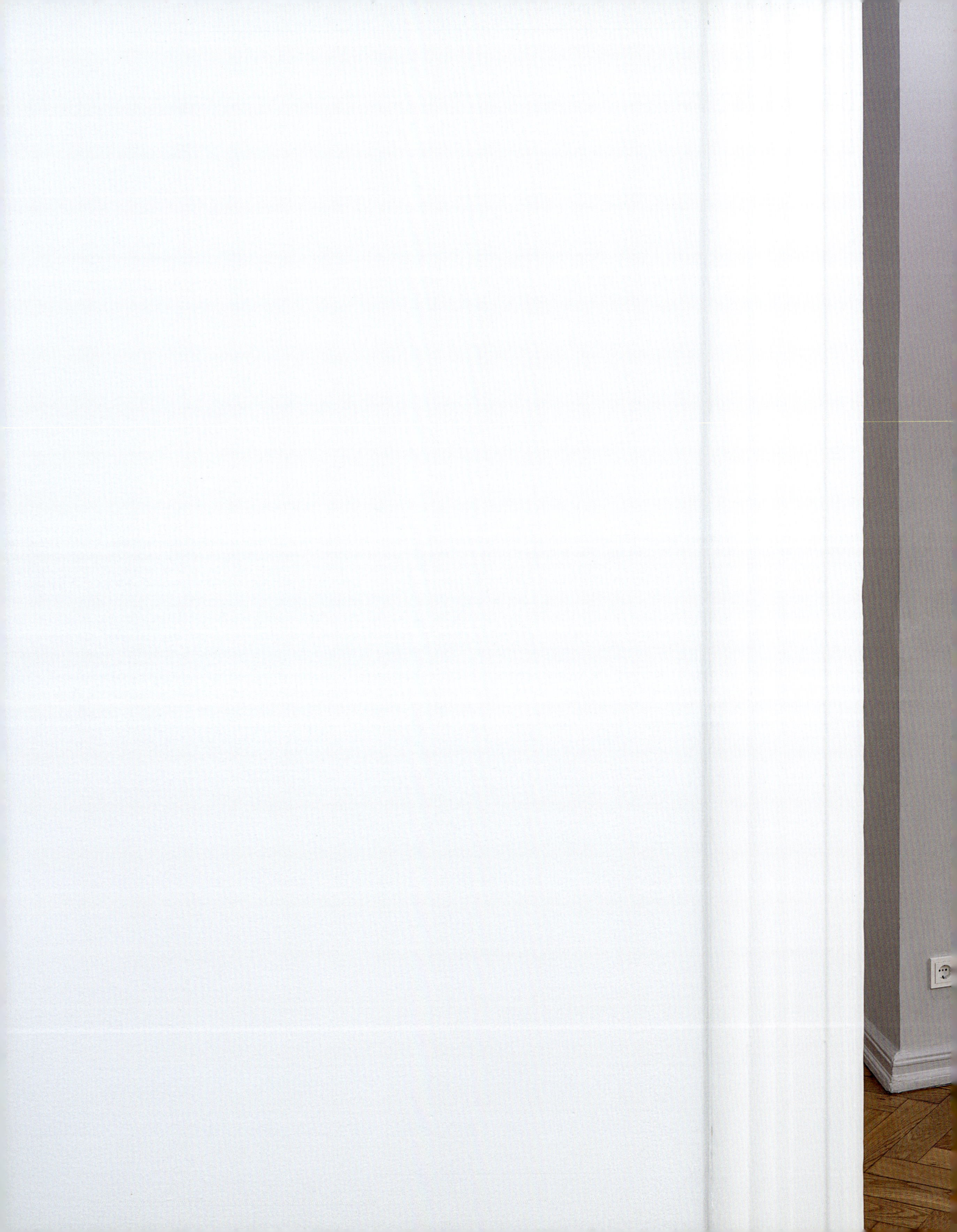

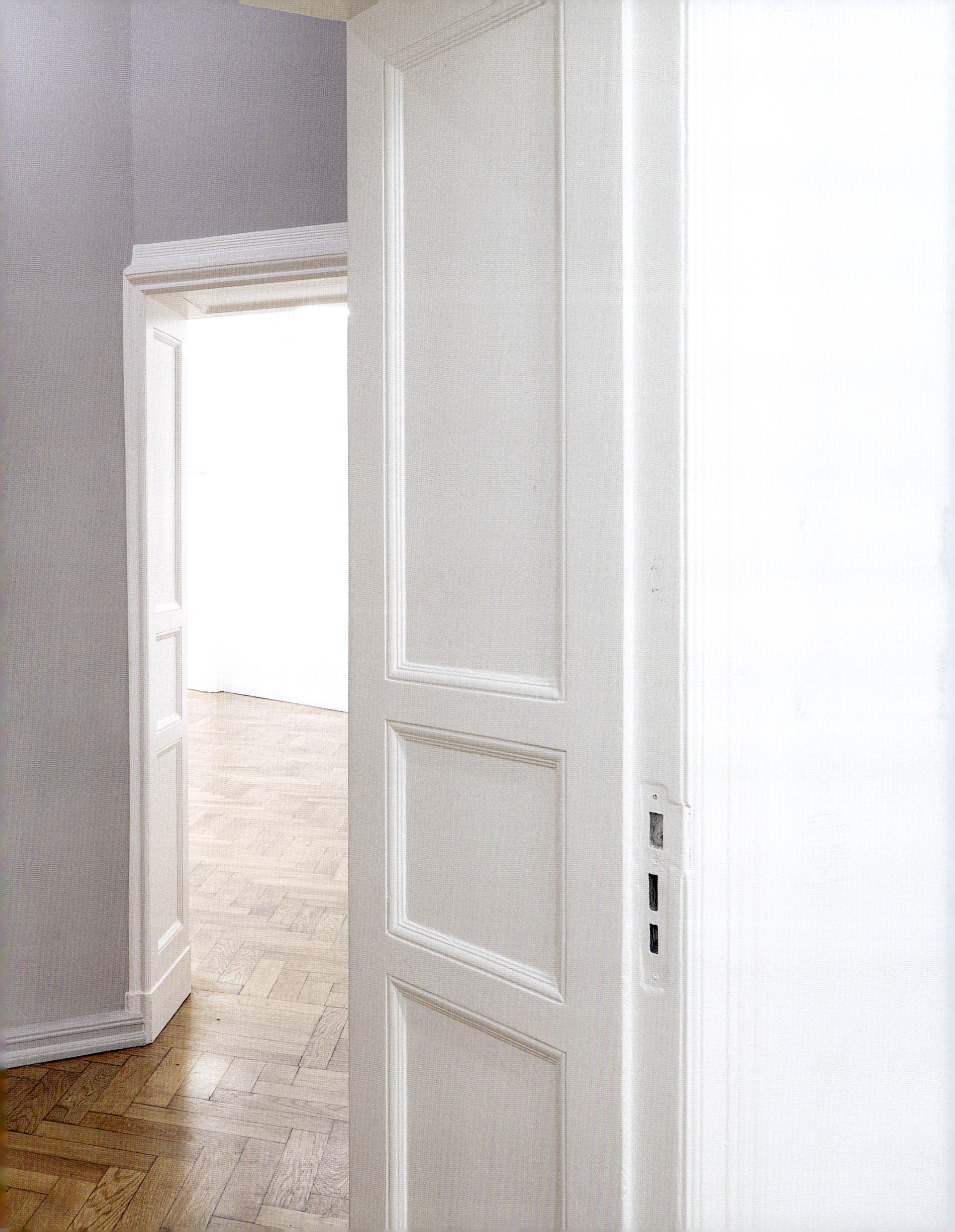

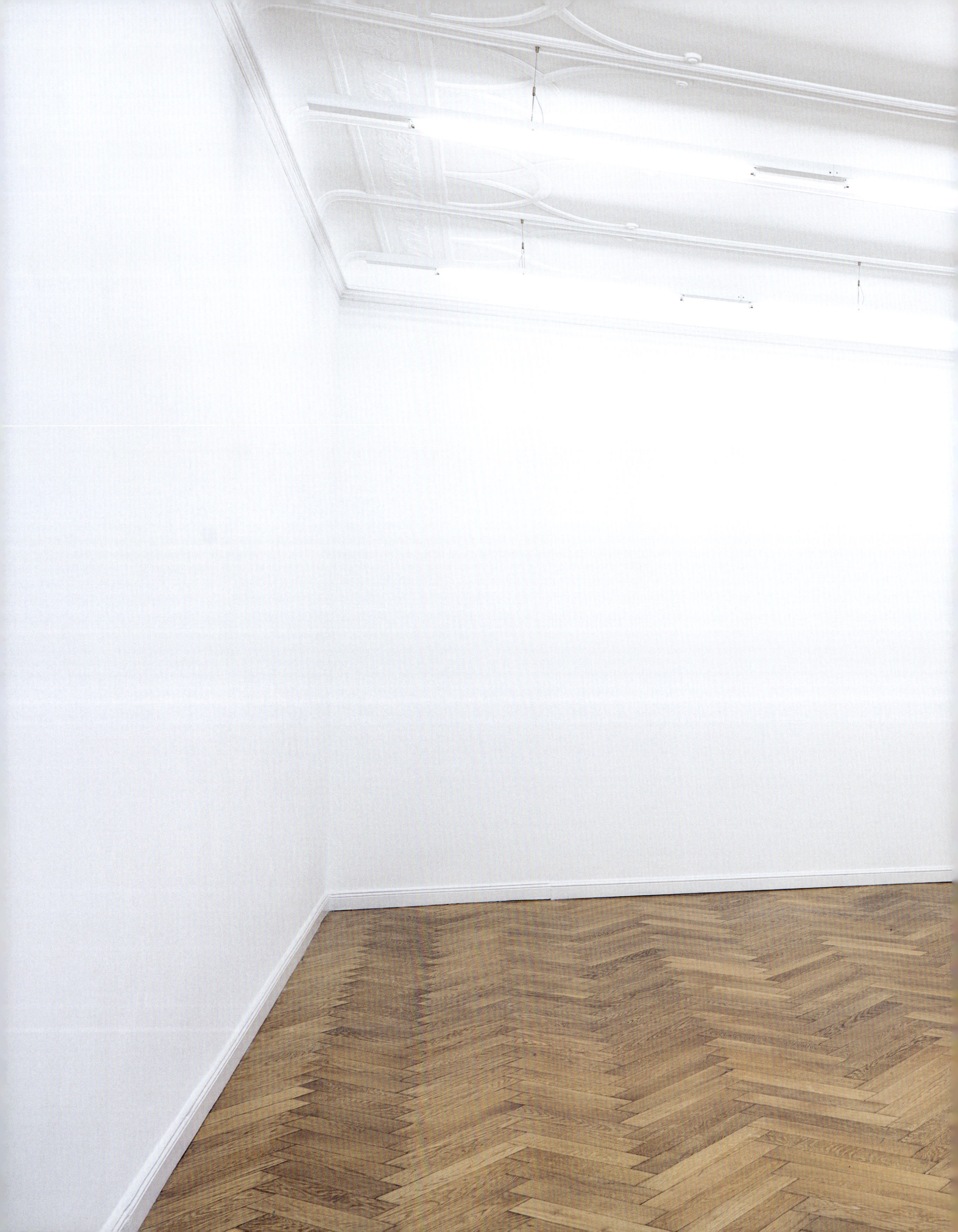

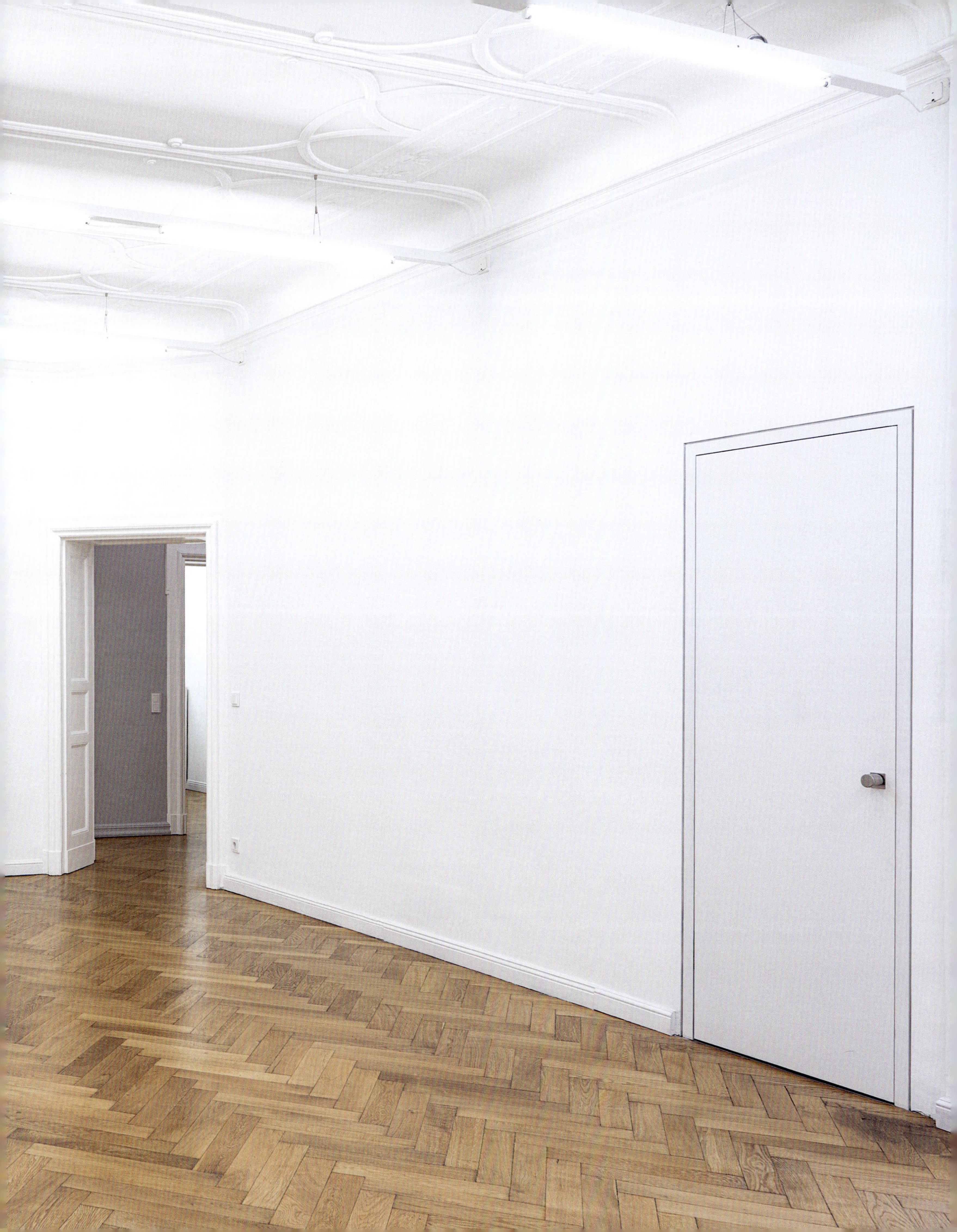

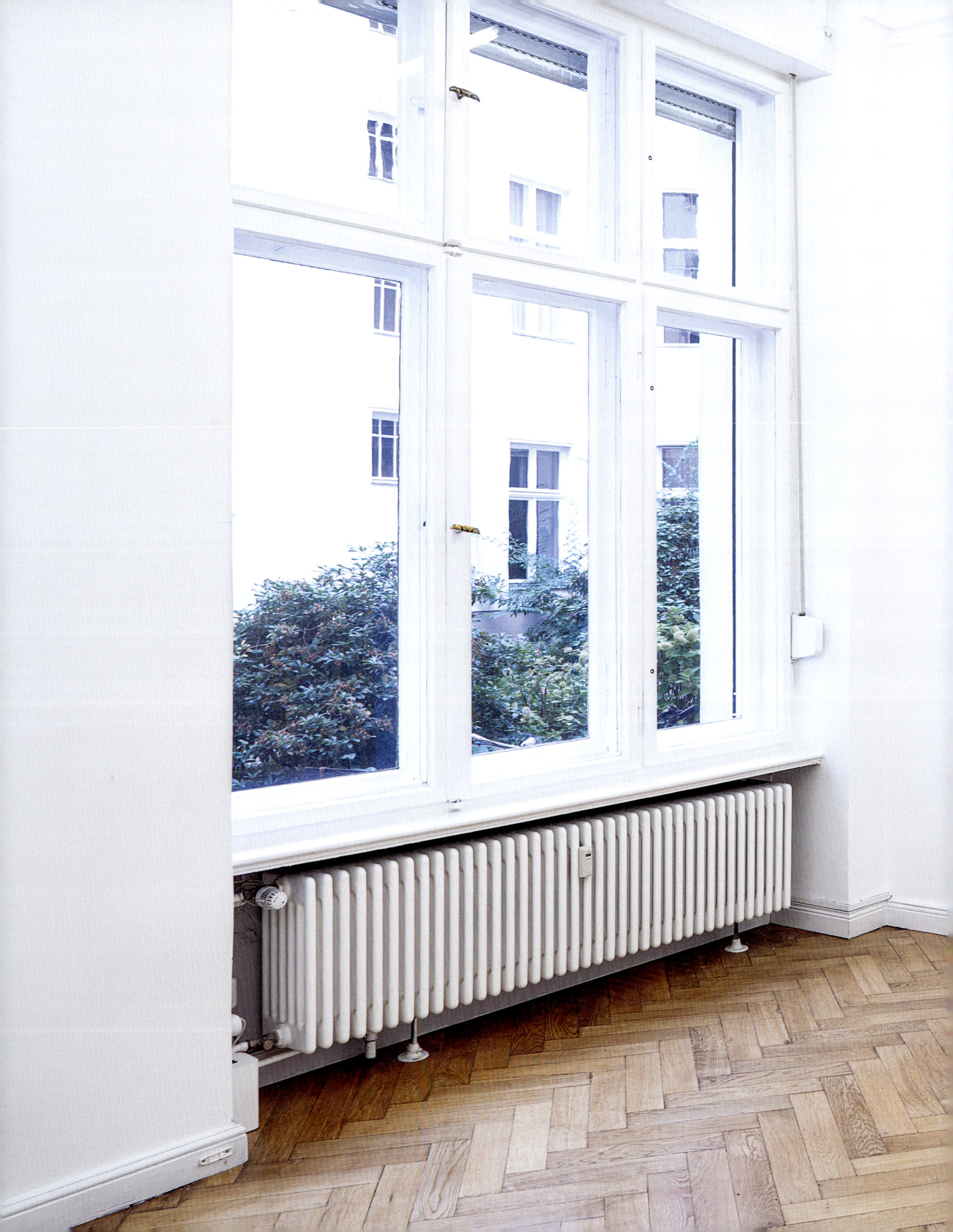

Vorwort

Philipp Haverkampf & Carolin Leistenschneider

For A While Longer ist nicht nur der Titel unserer ersten Einzelausstellung mit Fabian Treiber; es umfasst und beschreibt auch die Umstände und Zeitspanne, die für die finale Realisierung dieser Ausstellung und Publikation nötig waren.

For A While Longer sollte die erste Präsentation mit Fabian Treiber in der Galerie heißen, allerdings fiel der Ausstellungsbetrieb insgesamt dem ersten unerwarteten Lockdown zum Opfer, und wir alle mussten uns in Geduld üben. Den Verlauf der Zeit haben wir von diesem Moment an alle entschleunigt wahrgenommen, waren zurückgeworfen in das Private, mehr oder minder isoliert. So war es nicht nur das Zeitempfinden – auch unsere Behausungen und das uns umgebende Interieur bekamen einen neuen Stellenwert. Glücklich konnte sich schätzen, wer ein Fenster mit reizvollem Ausblick sein Eigen nannte.

All das waren die Elemente in Treibers Bildern, die nicht nur bei der ersten Begegnung 2019 in der Kunsthalle Düsseldorf im Rahmen der Schmidt-Rottluff-Preisträger-Ausstellung faszinierend waren, sondern auch kurz darauf beim Studiobesuch im fensterlosen Atelier in Stuttgart: rätselhafte Innenräume, teils surreales Mobiliar, die Fenster mal blind, mal mit Blick nach außen; Orte, die zwar bewohnt, aber merkwürdig verlassen wirkten, an denen die Zeit still zu stehen schien und die sich bei eingehender Betrachtung in reine Malerei auflösten.

Und dann löste sich unerwarteter Weise unser gewohntes Leben auf: Lockdown. Nur die Zeit stand nicht still, wir machten weiter, planten, träumten, wuchsen. Fabian Treiber zog in ein neues, größeres Studio (mit Fenstern), Carolin Leistenschneider verstärkt die Galerie als Partnerin und heute, im Herbst 2021, suchen wir unsere zweite Chance für *For A While Longer.*

Treibers Arbeiten haben sich kontinuierlich weiterentwickelt. Man kann die Expansion vom Innenraum auf den Außenraum beobachten und die Entwicklung vom Interieur hin zu einer ganz eigenen Landschaftsmalerei. Auf diese Entwicklungen werden die Texte von Harriet Zilch und Invar-Torre Hollaus im Folgenden ausführlich eingehen.

Wir möchten uns an dieser Stelle nicht nur ganz herzlich bei den genannten Autor*innen und bei der Stiftung Kunstfonds bedanken, die sowohl die Ausstellung als auch die Publikation durch ihre Förderung ermöglicht hat, sondern auch bei Nicolas Zupfer, der für die Gestaltung des Kataloges verantwortlich war und den Prozess auch über weitere Ebenen hinaus professionell begleitet hat. Unser besonderer Dank gilt aber Fabian Treiber selbst – für sein Vertrauen, die Ausdauer und die Bilder, die das Warten allemal wert waren.

Preface

Philipp Haverkampf & Carolin Leistenschneider

For A While Longer isn't just the title of our first solo exhibition with Fabian Treiber; it also encompasses and describes the circumstances and timespan that were necessary to finally bring about this exhibition and publication.

For A While Longer was supposed to be the gallery's first presentation with Fabian Treiber, but the initial unexpected lockdown put an end to all exhibition activities, and we all had to exercise patience. From that moment on, we all felt the passage of time more slowly and were thrown back into the private sphere, more or less isolated. It wasn't just our sense of time—our homes and the interiors surrounding us also took on a new significance. Anyone with a window and a charming view could consider themselves lucky.

These were the elements in Treiber's paintings that were fascinating not only at the first encounter in 2019 at the Kunsthalle Düsseldorf as part of the Schmidt-Rottluff Scholarship exhibition, but also soon afterwards in the artist's windowless studio in Stuttgart: enigmatic interior spaces, somewhat surreal furnishings, the windows sometimes opaque, sometimes with a view to the outside; settings that appeared inhabited but strangely deserted, where time seemed to stand still and which, on closer inspection, dissolved into pure painting.

And then, unexpectedly, the life we were accustomed to dissolved: Lockdown. But time doesn't stand still, we keep going, planning, dreaming, growing. Fabian Treiber moved into a more spacious studio (with windows); Carolin Leistenschneider joined the gallery as a partner; and now, in autumn 2021, we are taking a second shot at *For A While Longer.*

Treiber's work has continuously evolved. We can observe an expansion from interior to exterior space and a progression from the interior to a very distinct form of landscape painting. The texts by Harriet Zilch and Invar-Torre Hollaus in this publication examine such developments in detail.

We would like to take this opportunity to express our sincere thanks not only to the authors mentioned above and to the Stiftung Kunstfonds, which made both the exhibition and the publication possible through its support, but also to Nicolas Zupfer, who is responsible for the design of the catalogue and provided professional support at other levels throughout the process. Our special thanks go to Fabian Treiber himself—for his trust, his patience, and the paintings, which were well worth the wait.

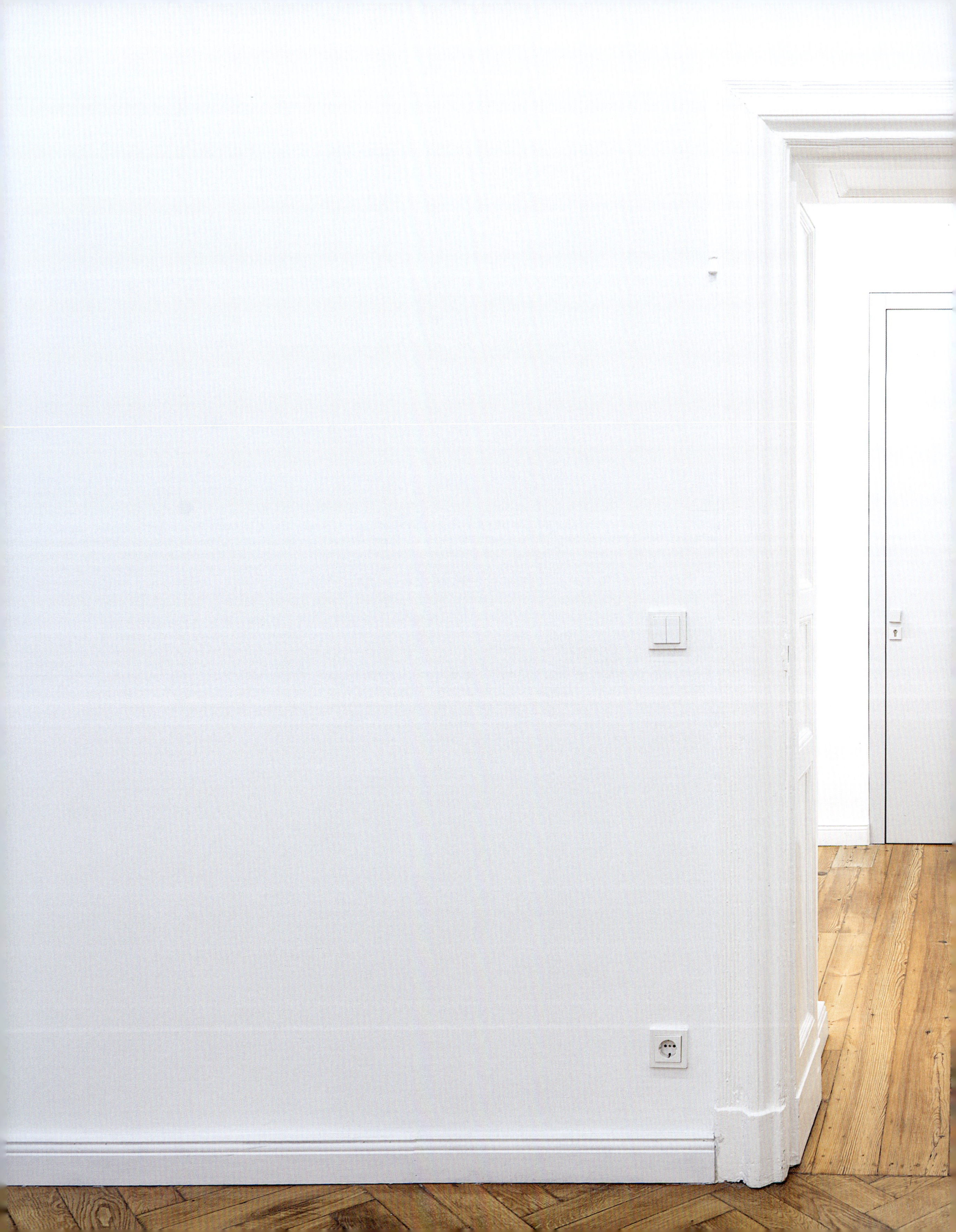

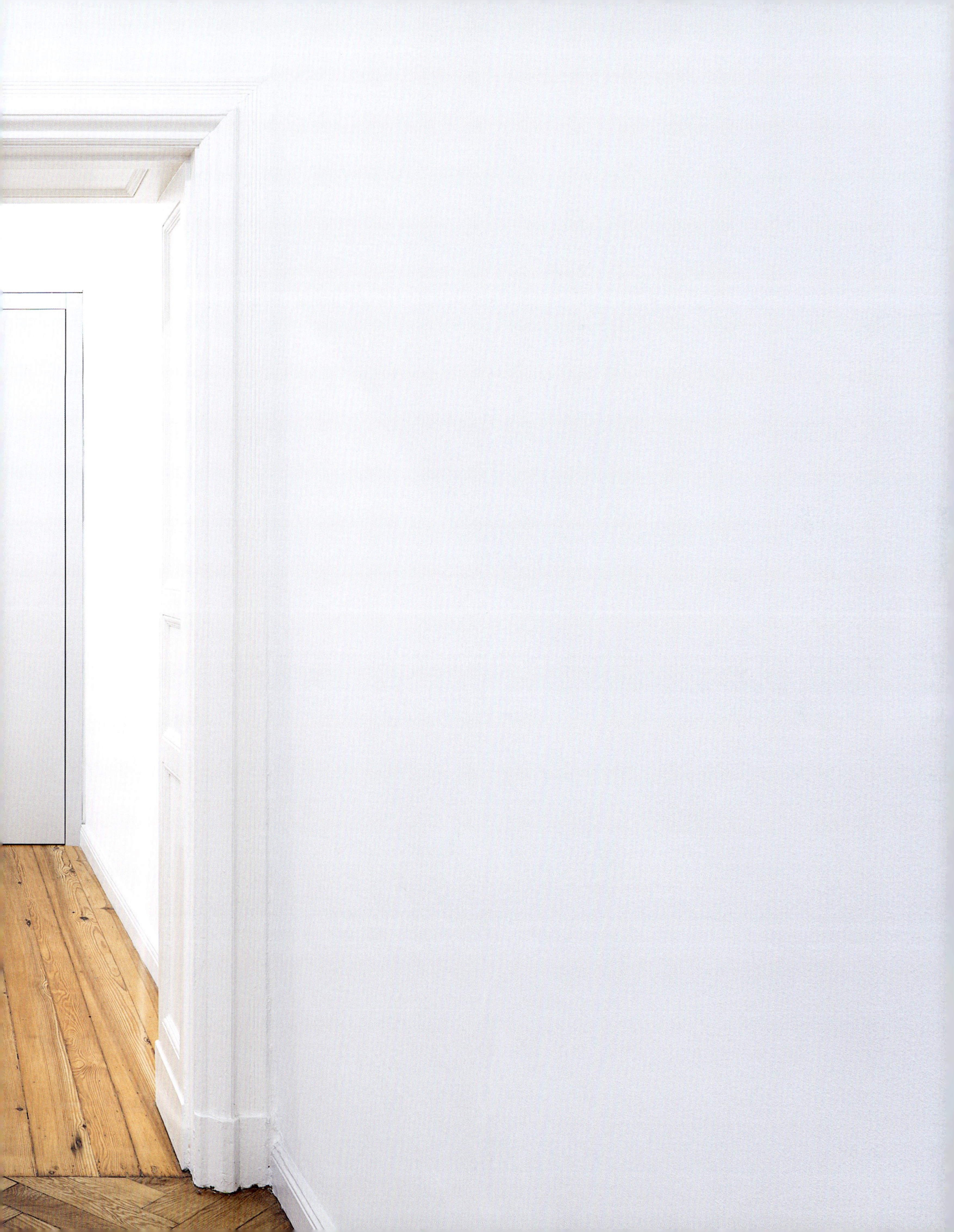

Sein Salon ist eine Loge im Welttheater[1]: Über die Raumgefüge von Fabian Treiber

Harriet Zilch

I.

Laienhaft ließe sich diagnostizieren: Das Interieur besitzt eine multiple Persönlichkeit, und die Symptome sind in den letzten Jahren in unterschiedlichster Ausprägung in Erscheinung getreten.

Seit der Industrialisierung wurde zwischen Arbeitsstätte und heimischer Wohnung räumlich wie sozial klar unterschieden. Hier Büro oder Fabrik und da privater Wohnraum. Hier Arbeit und da Ruhe und Freizeit. Hier die „Realität des Kontors" und da die „Phantasmagorien des Interieurs"[2]. Heute jedoch versucht das Interieur diese Gegenpole zu vereinen und befindet sich seither in einem kippeligen Spagat. Nach wie vor ist das private Heim der Ort, der dem Menschen das Gefühl der Fremdheit nimmt und der ihm Schutz verspricht. Der Wunsch nach der Geborgenheit eines vertrauten Refugiums scheint gar zuzunehmen, umso unkontrollierbarer die Außenwelt wahrgenommen wird. Wer nicht raus kann in die große weite Welt oder diese fürchtet, der bleibt, in der Hoffnung, zumindest den privaten Kosmos kontrollieren zu können, zu Hause. Doch in den eigenen vier Wänden sind wir auch auf uns selbst zurückgeworfen und mit unseren Ängsten, Sorgen und Sehnsüchten konfrontiert. Paradigmatisch haben die vergangenen Monate dieses gezeigt ...

Erscheint die Außenwelt als nicht gestaltbar, so gilt es, zumindest das persönliche Umfeld nach dem eigenen Ideal zu entwerfen. Wir erleben gegenwärtig eine Renaissance des Wohnens, und die Kunst der Einrichtung ist zu einer ausgesprochen diffizilen Disziplin geworden.[3] Das Interieur erscheint in diesem Kontext als ein Ort der Selbstinszenierung und -repräsentation, als Bühne für eine soziale wie kulturelle Selbstmodellierung. Und so sind auch Blicke in diese (vermeintlich) privaten Räume heute omnipräsent. Zugleich leben wir erstmals in einer Welt, in der der Mensch sein Heim physisch nicht verlassen muss, um zu arbeiten oder einzukaufen, um sich auszutauschen oder Netzwerke zu pflegen. Dies ist auch im digitalen Raum möglich, und es ergibt sich die widersprüchliche Parallelität einer allumfassenden Konnektivität mit der Welt bei dem gleichzeitigen Bemühen, sich gegen diese verwirrende Außenwelt abzuschotten: Das Interieur ist seltsam hybrid geworden. Das Innen und das Außen, das Eigene und das Fremde, das Private und das Öffentliche kann nicht länger als Antagonismus gedacht werden.

II.

Das Interieur ist ein Thema von anthropologischer Tragweite und zugleich ein Zeitphänomen von ausgesprochener Aktualität. Fabian Treiber nutzt die traditionsreiche Bildgattung, um die grundlegenden malereiinhärenten Fragen nach Form und Struktur, nach Farbe und Komposition, nach Räumlichkeit und Flächenaufteilung zu verhandeln. Für diese Fragen nach der genuinen Natur der Malerei ist ein Gegenstandsbezug unerheblich, und so basieren seine Gemälde auch nicht auf einer motivischen Bildidee, sondern sie gehen von einem Farbton aus, mit dem der Künstler die nicht grundierte und somit saugfähige Leinwand tränkt. Mit einer Airbrush-Pistole werden im Anschluss Umrisslinien und Strukturen auf die noch feuchte Leinwand gesprüht, und die Raumgefüge wachsen Schicht für Schicht auf der Leinwand. Die Hinwendung zum Interieur ist für Fabian Treiber zunächst nicht mehr (und auch nicht weniger) als ein Anker. Dieser verspricht Halt und verhindert, dass die Komposition während der Bildentstehung wegtreibt. Maler und Werk treten in einen konstruktiven Dialog, um die Essenz jedes einzelnen Werkes auszuloten. In diesem Zwiegespräch ist das Gemälde ein gleichberechtigter Partner mit unbedingtem Mitspracherecht, denn Strömungswechsel sind während der Werkgenese explizit erwünscht.

Fabian Treibers Raumkonstruktionen sind stets fiktiv, erdacht aus „Erinnerungen und Spekulationen“[4]. Vereinzelte Objekte zeigen: Offenkundig sind diese Innenräume bewohnt, auch wenn sich niemand zeigt. Zwar tauchen bisweilen Füße, Hände oder auch einzelne Finger auf, jedoch erscheinen diese in ihrer skurrilen Fragmentierung eher als weiteres Element eines Stilllebens, denn als Teil eines menschlichen Körpers. Der Mensch fehlt in diesen Innenräumen, da seine Anwesenheit die Aufmerksamkeit binden würde. Die Schwerpunkte würden sich verschieben und Einfluss auf die Art nehmen, wie wir das Werk interpretieren. Unweigerlich würde das Geschehen auf der Leinwand in ein Narrativ kippen und von den für Fabian Treiber zentralen, formalen wie typologischen Fragen ablenken.

III.

Das Innen und das Außen: Fenster und der Blick durch diese Fenster gehören zu den wiederkehrenden Themen in Fabian Treibers Gemälden. Dabei ist das Fenstermotiv häufig verknüpft mit der Frage nach einer malerisch überzeugenden Visualisierung von Glas. Aktuelle Werke wie *Flat*, *Tall Grass*, *Lost Weekend* oder *Windswept* (alle 2021) sind hingegen durch Fenster und Türen, Öffnungen und Durchlässe maßgeblich bestimmt. Die Raumgefüge lösen sich auf, da das Innen und das Außen gänzlich ineinander übergehen. Die Kompositionen befinden sich in einem fragilen Schwebezustand, geprägt durch den flirrenden Austausch von Licht und Luft. Draußen eine archaische, unspezifische Idee von Landschaft und drinnen eine (Wohn-)Landschaft, die durch malerische Abkürzungen und Chiffren geprägt ist. So kann eine beige Farbfläche ebenso für Diele wie für Düne stehen und eine schwarze Lineatur kann als Möbelpolster wie als Bergmassiv gelesen werden. Die helle, transluzide Farbpalette dieser Bilder bewirkt eine prototypische Atmosphäre. Unvermittelt wähnen wir uns an einem Sommertag am Meer. Die Luft riecht nach Salz. Zeit und Raum sind keine festen Größen mehr. Fabian Treiber zeigt mit diesen neuen Bildern das Paradoxon einer im Atelier entstandenen Freilicht- und Freiluftmalerei.

Das Fensterbild besitzt eine lange Tradition, und bereits Leon Battista Alberti nutzt in seinem Theorietraktat *De pictura* (1435) die Metapher vom Bild als einem offenen Fenster – *fenestra aperta* – zur Welt. Hier wird das Fenstermotiv verknüpft mit einer an die Zentralperspektive gebundenen Illusionsmalerei, die die dreidimensionale Wirklichkeit der äußeren Welt auf die zweidimensionale Ebene des Bildträgers transferiert. In der Folge besitzt das Motiv aufgrund seiner Polyvalenz eine fortdauernde Anziehungskraft für Künstler[5] und mäandert häufig in einer Synthese zwischen Interieur, Landschaft, Stillleben und (indirektem) Porträt. Nicht anders ist es bei Fabian Treiber, denn seine Werke vereinen die genannten Genres und geben der Darstellung auch die tradierte inhärente Selbstreflexion bei. Jedoch interessieren ihn die Fragen der Zentralperspektive, die den Universalgelehrten der Frührenaissance umtrieben, überhaupt nicht. Seine Raumkonstruktionen sind frei von den Gesetzmäßigkeiten der Perspektive, der Proportion oder einer realitätsbezogenen Logik. Sie besitzen kein Volumen, und alle Bildelemente scheinen seltsam flach übereinandergelegt. Diese Räume sind durch und durch artifiziell, und alle Fragen der Komposition sind für das Bild und der Logik des Bildes folgend gelöst.

IV.

Das Eigene und das Fremde: Der Aspekt des heimlichen Schauens steckt leitmotivisch im Interieur, da wir auf Dinge blicken, die wir eigentlich nicht sehen sollen. Der Mensch hat jedoch schon immer gern in fremde Zimmer geschaut, und bereits im frühen 14. Jahrhundert lässt uns Giotto in seinen Fresken der Arenakapelle auf Szenen blicken, die im Innenraum verortet sind und damit vor unserer Neugierde geschützt seien sollten. Auch die Gemälde von Fabian Treiber erlauben diese indiskreten Blicke in Wohnräume, in denen zahlreiche Objekte die abwesenden Bewohner zu vertreten scheinen. Doch wer hat diese Gegenstände versammelt, und wen repräsentiert diese kuriose Dingwelt? Wir finden keine Antwort: Die in kleinen Stillleben arrangierten Objekte scheinen zugleich eigen wie fremd, vertraut wie abstrakt, benennbar, aber dennoch unverständlich.

Dieser Eindruck entsteht, da Fabian Treiber in seinen Gemälden eine beständige Hinterfragung der Wirklichkeit und ihrer objekthaften Repräsentanten zeigt. Er verbildlicht einen Abstraktionsprozess am Beispiel konkreter Gegenstände. So ist eine Kerze in seinem malerischen Kosmos keine Kerze, nur weil sie in ihrer Form an eine Kerze erinnert. Auch erzählt sie nicht die Geschichte einer romantischen Zusammenkunft, sondern schwebt seltsam unwirklich auf der Leinwand, weil der Künstler aus rein kompositorischen Gründen an dieser Stelle eine Setzung vornimmt. Die Entscheidung für die Kerze ist somit keine narrative, sondern eine formale. Zugleich ist die Wahl niemals beliebig, und die Kerze ließe sich nicht durch einen Apfel ersetzen. Fabian Treibers Entscheidung für die Kerze basiert auf einer Art Miniaturkausalität: Eine Kerze ermöglicht es ihm, eine zarte Lineatur auf die Leinwand zu setzen, die Rauch symbolisiert. Kerze und Rauch bilden gemeinsam eine Art Mikroerzählung auf der Leinwand, die für die Gesamtkomposition jedoch keine Allgemeingültigkeit besitzt. Ein paar Zentimeter weiter weht der Wind aus einer anderen Richtung, und die Malerei hat sich von einer realitätsbezogenen Logik erneut emanzipiert.

Für diese Setzungen existiert ein ganzer Baukasten an Alltagsgegenständen: Kerzen und Glühbirnen, Vasen, Blumen und Grünpflanzen, Obst, Gemüse oder Knochen. All diese Dinge knüpfen an die vertraute Welt an, repräsentieren sie in ihrer archaischen Abstraktheit jedoch nicht. Vielleicht, weil wir in letzter Konsequenz keinen Apfel, keine Sonnenbrille und auch keine Zigarette sehen, sondern weitere kleine Anker, die die Bildkomposition strukturieren und zusammenhalten. Für unsere Realität besitzen diese Fixpunkte womöglich keine Logik, aber in der Bildwelt von Fabian Treiber sind sie absolut überzeugend. Als Betrachter können wir an diese fremdartigen und häufig surrealen Objekte andocken und sie mit unseren persönlichen „Erinnerungen und Spekulationen“[6] aufladen.

V.

Das Private und das Öffentliche: In einem im *Kunstforum International* veröffentlichten Gespräch äußert der belgische Maler Luc Tuymans: „Ein gutes Bild zeichnet sich dadurch aus, dass der Betrachter ihm noch etwas hinzufügt. Ein bereits ganz ausformuliertes macht keinen Sinn mehr. Deshalb ist es entscheidend, dass man sich als Maler zurücknimmt und irgendwo, also genau da aufhört, wo noch etwas unformuliert bleibt. [...] Denn genau da befragt der Betrachter das Bild.“[7]

Tatsächlich sind es oft nicht die visuellen Wohlfühlzonen, sondern die interpretatorisch offenen, spröden und sperrigen Arbeiten, die sich beim Betrachter festsetzen und nachklingen. Auch die Gemälde von Fabian Treiber sind solch inhaltlich vieldeutige Bildmetaphern. Sie geben Rätsel auf, sind bisweilen unverständlich oder stehen im Widerspruch zum vertrauten Umgang mit Bildern. Lücken und Leerstellen laden ein, sie mit individuellen Erfahrungen und Assoziationen zu füllen. An diesem Punkt wandelt sich der Status eines Werkes. Es ist nicht länger privat, sondern wird öffentlich, so wie es Roland Barthes in seinem literaturtheoretischen Aufsatz „Der Tod des Autors“ (1968) beschreibt. Seiner Grundthese zufolge besitzt der Autor keine Kontrolle über die Deutung seiner Schöpfung. Es ist der Leser, der die Interpretation des Textes verantwortet und ihm erst Sinn verleiht. Seine Lesart kann von der intendierten Absicht des Autors abweichen oder diese sogar negieren. Gleiches gilt wohl für ein Gemälde, das, aus dem Atelier in die Welt entlassen, Interpretationen erfahren wird, die der Intention des Künstlers womöglich widersprechen. Diese individuellen Deutungen und die damit verbundene Involvierung des Betrachters wünscht sich Fabian Treiber jedoch ausdrücklich. Seine Gemälde besitzen stets etwas Unformuliertes, das zum Weiterdenken einlädt.

Aktuelle, aus mehreren Leinwänden zusammengesetzte Werke wie *Sunrise Doesn’t Last All Morning* oder *Solid Air* (beide 2021) erscheinen auch räumlich weitergedacht. Die ungewöhnlich querformatigen Gemälde, die vage an Comic- oder auch Film- und Fotonegativstreifen erinnern, wachsen über sich selbst hinaus und dokumentieren die Gedanken des Künstlers über eine Erweiterung der Malerei. Mit diesen „Bildstrecken“ gelingt eine Ausdehnung des Raumes hin zum Panoramabild. Treten wir an die Querformate nah heran, verschwinden die Außenkanten der Leinwand aus dem Blickfeld, und die Grenze zwischen Gemälde und Umraum verschwindet. Doch Bild- und Lebenswelt verschränken sich nicht nur räumlich, sondern auch gedanklich: Auf jedes Gemälde seiner Ausstellung *Painting The Night Unreal*[8] setzt Fabian Treiber einen Vollmond. Als könnten alle Bilder die gleiche Zeit und den gleichen Kosmos repräsentieren, so wie wir unabhängig von unserem individuellen Standort denselben Mond betrachten, wenn wir aus dem Fenster blicken. Denn auch ein Mond kann ein Anker sein, eine Einladung, eine Verbindung, ein Troststifter. Und auch der Mond ist immer privat und öffentlich zugleich.

VI.

Sein Salon ist eine Loge im Welttheater: Die traditionellen Grenzziehungen gelten für das Interieur nicht mehr. Die Antagonismen lösen sich auf. Eine Unterscheidung zwischen innen und außen, eigen und fremd, privat und öffentlich wird zunehmend diffizil. In den komplexen Raumkonstruktionen von Fabian Treiber existieren diese Gegenpole nicht. Alles darf alles zugleich sein. Alles darf sich nebeneinander behaupten. Grenzen zwischen innen und außen dürfen ihre Relevanz verlieren. Gegenstände dürfen fremd und vertraut zugleich sein. Bilder, Räume und Dinge dürfen privat und gleichsam öffentlich sein. Und ganz nebenbei versöhnen diese Gemälde auch noch die vermeintlichen Widersprüche zwischen Figuration und Abstraktion, Deskription und Zufälligkeit, Durchlässigkeit und Opazität, vollendet und unvollendet Scheinendem.

1

„Für den Privatmann tritt erstmals der Lebensraum in Gegensatz zu der Arbeitsstätte. Der erste konstituiert sich im Interieur. Das Kontor ist sein Komplement. Der Privatmann, der im Kontor der Realität Rechnung trägt, verlangt vom Interieur in seinen Illusionen unterhalten zu werden. [...] Dem entspringen die Phantasmagorien des Interieurs. Es stellt für den Privatmann das Universum dar. In ihm versammelt er die Ferne und die Vergangenheit. Sein Salon ist eine Loge im Welttheater.“ Walter Benjamin, „Louis-Philippe oder das Interieur“, in: ders.: *Das Passagen-Werk*, hrsg. von Rolf Tiedemann, Frankfurt am Main 1983, Bd.1, S. 52.

2

Ebd.

3

Der Autor und Journalist Niklas Maak bezeichnet das Wohnen gar als „Fetisch“, da es für viele zum Hauptzweck aller Lebensanstrengungen geworden ist. Niklas Maak: *Wohnkomplex. Warum wir andere Häuser brauchen*, München 2014, S. 12 f.

4

Fabian Treiber in einem unveröffentlichten Statement.

5

Aus Gründen der besseren Lesbarkeit wird auf die gleichzeitige Verwendung weiblicher und männlicher Sprachformen verzichtet und das generische Maskulinum verwendet. Sämtliche Personenbezeichnungen gelten jedoch gleichermaßen für beide Geschlechter sowie alle anderen geschlechtlichen Identitäten.

6

Vgl. Anm. 4.

7

„Luc Tuymans. Ein Gespräch von Heinz- Norbert Jocks“, in: *Kunstforum International*, Band 156, Köln 2001, S. 340 ff.

8

Fabian Treiber, *Painting The Night Unreal*, 7. November bis 19. Dezember 2020, Galerie Mark Müller, Zürich.

His Salon is a Box in the Theatre of the World[1]: On Fabian Treiber's Spatial Structures

Harriet Zilch

I.

In lay terms, it's possible to make a diagnosis: The interior has multiple personalities, and in recent years the symptoms have appeared in the most varying forms.

Since industrialisation, a clear spatial and social distinction has been drawn between the workplace and the private home. Here the office or factory and there the private living space. Here work and there rest and leisure. Here the "reality of the office" and there the "phantasmagorias of the interior."[2] Today, however, the interior attempts to unite these opposing poles—and as a result, it has entered into an unsteady balancing act. As in the past, the private home continues to relieve people's sense of alienation and promises them protection. Indeed, the desire for the safety of a familiar refuge seems to grow in direct proportion to how uncontrollable the outside world is felt to be. Those who can't go out into the big wide world or are afraid of it stay at home, hoping to at least be able to control their private cosmos. However, even within our own four walls, we are thrown back on ourselves and confronted with our fears, worries, and longings. The past months have been a perfect example ...

If the outside world seems impossible to shape, it becomes important to at least design one's private environment according to one's own ideals. At the moment, we are experiencing a renaissance of the home, and the art of furnishing has become a decidedly difficult discipline.[3] In this context, the interior appears as a place of self-staging and self-representation, as a platform for the social and cultural formation of the self. Thus, views into these (supposedly) private spaces have become ubiquitous these days. Simultaneously, we are for the first time living in a world where people do not physically have to leave their homes in order to work or shop, exchange ideas or foster networks. All of this can also be done in digital space. This results in the paradoxical parallel of an overarching connectivity with the world and a concurrent effort to seal ourselves off from this bewildering external sphere. The interior has become strangely hybrid. The inside and the outside, the self and the other, the private and the public can no longer be thought of as opposites.

II.

The interior is a subject of anthropological significance and, at the same time, a phenomenon of distinct contemporary relevance. Fabian Treiber makes use of this traditional genre of painting to explore the basic questions inherent in the medium—those related to form and structure, colour and composition, spatiality and the distribution of the surface. A reference to an object is irrelevant for such questions regarding the true nature of painting. Thus, Treiber's paintings are not conceived on the basis of a motif; instead, they start from a single tone of colour with which the artist saturates the unprimed and highly absorbent canvas. With an airbrush gun, he then sprays outlines and structures onto the still-damp surface, and the spatial arrangements grow layer by layer. For Fabian Treiber, the turn to the interior is initially nothing more (and nothing less) than an anchor. It provides stability and keeps the composition from drifting away during the painting process. The painter and the work enter into a constructive dialogue to explore the essence of each individual piece. In this conversation, the painting is an equal partner with an essential voice, because exchange and flux are explicitly welcomed as part of the genesis of the work.

Fabian Treiber's spatial constructions are always fictional, conceived from "memories and speculations".[4] Certain objects clearly indicate that these interiors are inhabited, even if no one can be seen. Occasionally, feet, hands, and even individual fingers appear—but in their bizarre fragmentation they seem more like further elements of a still life than parts of a human body. Humans are absent from these interior spaces because their presence would consume the viewer's attention. The focal points would shift and affect the way we interpret the work. Inevitably, the developments on the canvas would tilt into a narrative, distracting from the formal and typological questions that are so central to Fabian Treiber's practice.

III.

The inside and the outside: Windows—and the view through them—form a recurring theme in Fabian Treiber's paintings. In this context, the window motif is often linked to the question of how to create a convincing painterly depiction of glass. Recent works like *Flat*, *Tall Grass*, *Lost Weekend* or *Windswept* (all 2021), on the other hand, are largely defined by windows and doors, openings and passages. Spatial structures dissolve as the inside and outside become fully merged. The compositions exist in a fragile state of suspension characterised by the shimmering exchange of light and air. Outside we find an archaic, unspecified idea of landscape and inside we find a (residential) landscape shaped by painterly abbreviations and codes. Thus, a beige colour field can represent both a floorboard and a dune, and a graphic black line can be read as both a cushion and a mountain range. The light, translucent colour palette of these paintings creates a prototypical atmosphere. Suddenly, we imagine ourselves on a summer's day by the sea. The air smells of salt. Time and space are no longer fixed units. With these new works, Fabian Treiber reveals the paradox of an outdoor plein-air painting produced in the studio.

The window painting has a long history. In his theoretical treatise *De pictura* (1435), Leon Battista Alberti already employed the metaphor of the painting as an open window—*fenestra aperta*—to the world. Here the motif of the window is linked to illusionistic painting based on central perspective, which transfers the three-dimensional reality of the external world to the two-dimensional plane of the pictorial support. Due to its polyvalence, the motif has continued to attract artists, and it frequently meanders in a synthesis between interior, landscape, still life, and (indirect) portrait. This is no different for Fabian Treiber, whose work combines the above-named genres with an inherent self-reflexivity. However, the questions of central perspective that occupied Alberti in the early Renaissance do not interest him in the least. Treiber's spatial constructions are free from the laws of perspective, proportionality, or reality-based logic. They have no volume, and all the pictorial elements seem to be layered on top of one another in a curiously flat way. These spaces are thoroughly artificial, and every compositional question is solved for the sake of the painting and in accordance with its own particular logic.

IV.

The self and the other: The covert gaze is a central theme of the interior because the viewer looks at things they aren't actually supposed to see. Yet we have always enjoyed peeking into stranger's living spaces. As far back as the early 14th century, in his frescoes at the Arena Chapel, Giotto gives us a glimpse of scenes in an interior space—a space that is meant to be sheltered from prying eyes. Fabian Treiber's paintings also offer indiscreet views into domestic spaces where numerous objects seem to substitute for absent inhabitants. But who has assembled these objects, and who does this curious world of things represent? We do not find an answer: these objects arranged in small still lifes seem simultaneously personal and strange, familiar and abstract, nameable yet impossible to comprehend.

This impression emerges because Fabian Treiber's paintings continuously question reality and the objects that serve as its representatives. He depicts a process of abstraction by means of concrete things. Thus, in his painterly cosmos, a candle is not a candle just because it might be shaped like one. Nor does it tell the story of a romantic encounter. Instead, it hovers in a curious, surreal way on the canvas because the artist has placed it there for purely compositional purposes. The candle is thus not a narrative choice, but a formal one. At the same time, the choice is never arbitrary, and an apple could never replace the candle. Fabian Treiber's decision to include the candle is based on a miniature kind of causality: a candle allows him to render a delicate line on the canvas, symbolising smoke. Together, the candle and the smoke form a sort of micro-narrative on the canvas—one that does not, however, generally apply to the entire composition. Just a few centimetres away, the breeze blows from a different direction, and the painting has once again managed to free itself from a reality-based logic.

A whole toolbox of everyday objects is available for these compositions: candles and light bulbs; vases, flowers, and houseplants; fruits, vegetables, and bones. All these things connect to the world we know, but in their archaic abstractness, they do not represent it. Perhaps because we ultimately do not see an apple, a pair of sunglasses, or a cigarette; instead, we see little anchors that structure the composition and hold it together. These fixed points may not be logical in our reality, but in Fabian Treiber's visual world they are absolutely convincing. As viewers, we can dock onto these strange and often surreal objects, charging them with our personal "memories and speculations".[5]

V.

The private and the public: In an interview published in *Kunstforum International*, the Belgian painter Luc Tuymans says: "A good painting is defined by the fact that the viewer adds something to it. A painting that's already fully formulated no longer makes sense. That's why it's crucial that as a painter you take a step back and stop somewhere, right at the point where something is still unformulated. [...] Because that is precisely where the viewer interrogates the painting."[6]

Indeed, it is often not the visually comfortable works that grab hold of viewers and resonate with them, but the ones that are open-ended, rough, and unwieldy. Similarly, Fabian Treiber's paintings are ambiguous pictorial metaphors. They present riddles, are sometimes incomprehensible, or are at odds with the familiar way we deal with images. Gaps and voids invite the viewer to fill them with personal experiences and associations. At such points, the status of a work shifts. It is no longer private but becomes public, as Roland Barthes describes in his essay "The Death of the Author" (1968). According to his thesis, the author has no control over the interpretation of his or her work. Instead, it is the reader who is responsible for the analysis of the text and who, in the first instance, gives it meaning. The reader's interpretation can deviate from or even negate the objective or aim of the author. The same holds true for a painting that, when released from the studio into the world, will be interpreted in ways that might contradict the intention of the artist. However, Fabian Treiber explicitly welcomes these individual interpretations and the resulting involvement of the viewer. There is always something unformulated in his paintings—something that invites further reflection.

Recent works comprised of several canvases, such as *Sunrise Doesn't Last All Morning* or *Solid Air* (both 2021), also appear to be taken to the next level in terms of space. In the unusual oblong format of these paintings, vaguely reminiscent of comics or even film or negative strips, the individual canvases grow beyond themselves, expressing the artist's ideas about an expansion of painting. These "image spreads" expand space into a panoramic image. If we come up very close to the horizontal panels, the outer edges of the canvas disappear from view and the boundary between the painting and the surroundings vanishes. The visual world and the lifeworld are not just intertwined spatially, but also conceptually: Every picture in Fabian Treiber's exhibition *Painting The Night Unreal*[7] contains a full moon. As if all the paintings represented the same moment in time and the same cosmos, much in the way we look at the same moon when we gaze out the window, regardless of our particular location. After all, a moon can also be an anchor, an invitation, a link, a source of comfort. And the moon is always also simultaneously private and public.

VI.

His Salon is a Box in the Theatre of the World: The traditional boundaries no longer apply to the interior. The antagonisms dissolve. It is becoming increasingly difficult to distinguish between the inside and the outside, the self and the other, the private and the public. These opposing poles do not exist in Fabian Treiber's complex spatial constructions. Everything can be everything at the same time. Everything can assert itself alongside everything else. The boundaries between inside and outside can lose their relevance. Objects can be strange and familiar at the same time. Images, spaces, and things can be simultaneously private and public. And as an aside, these paintings simultaneously reconcile the supposed contradictions between figuration and abstraction, description and accident, transparency and opacity, the seemingly finished and unfinished.

1

"For the private individual, the place of dwelling is for the first time opposed to the place of work. The former constitutes itself as the interior. Its complement is the office. The private individual, who in the office has to deal with reality, needs the domestic interior to sustain him in his illusions. [...] From this arise the phantasmagorias of the interior—which, for the private man, represents the universe. In the interior, he brings together the far away and the long ago. His living room is a box in the theater of the world". Walter Benjamin: "Louis Philippe or the Interior", in: *The Arcades Project*, trans. Howard Eiland and Kevin McLaughlin, Cambridge, MA 1999, pp. 8–9.

2

Ibid.

3

The author and journalist Niklas Maak has even described the home as a "fetish", since it has, for many, become the main focus of all life's endeavours. Niklas Maak: *Wohnkomplex: Warum wir andere Häuser brauchen*, Munich 2014, p. 12 f.

4

Fabian Treiber as quoted in an unpublished statement.

5

See note 4.

6

"Luc Tuymans. Ein Gespräch von Heinz-Norbert Jocks", in: *Kunstforum International*, Issue 156, Köln 2001, p. 340 ff.

7

Fabian Treiber, *Painting The Night Unreal*, 7 November to 1 December 2020, Galerie Mark Müller, Zurich.

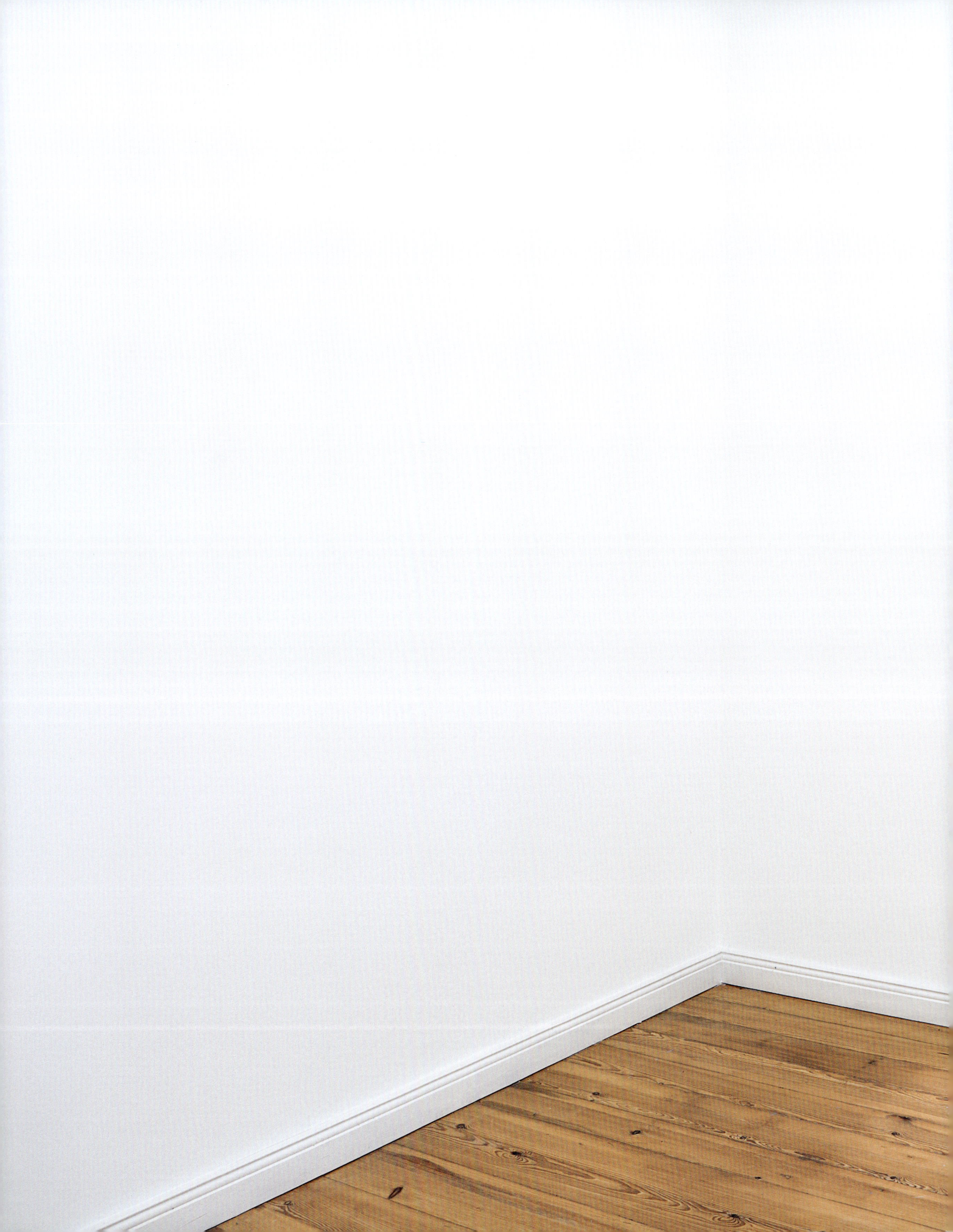

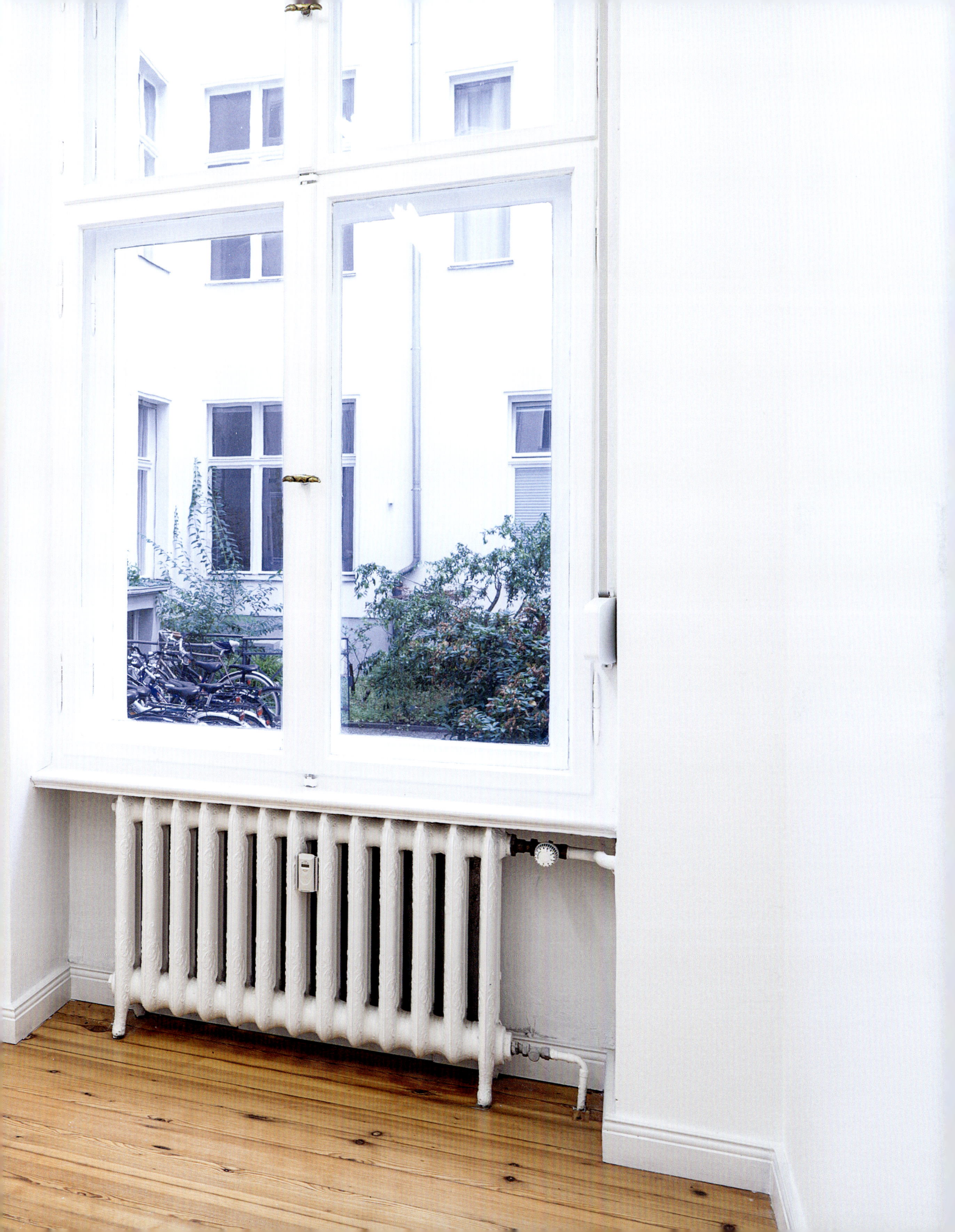

Bitte treten Sie ein! – Bruchstellen in den Bildräumen von Fabian Treiber

Invar-Torre Hollaus

Bitte treten Sie ein, auch wenn im Moment niemand zu Hause zu sein scheint![1] Die angenehm buntfarbig und mit zeitgemäß modernem Mobiliar ausgestatteten Interieurs von Fabian Treiber wirken suggestiv, verströmen eine cool-distanzierte Haltung und laden Betrachterinnen und Betrachter geradezu ein, im übertragenen Sinn in diese einzutreten und diese zu erkunden. Wir tun dies allerdings auf eigene Gefahr. Denn rasch müssen wir feststellen, dass diese Räume vielleicht doch nicht der geeignete Ort zum Entspannen sind. Diese strahlen weder Geborgenheit, noch Schutz, noch mode- oder trendbewussten Lifestyle aus. Interessanterweise sind diese Räume eher analog ausgestattet. Computerbildschirme, Smartphones oder andere digitale Geräte, die unterdessen zu unserer täglichen Standardausrüstung gehören, finden sich genauso wenig wie Fernsehbildschirme. All die Bildschirme und Oberflächen, über die wir die Welt konsumieren und mit ihr verbunden sind, sind in kaum einer dieser Kompositionen vorhanden. Architektonische Raumteile wie Wände, Fenster, Türen, Zimmerfluchten und darin arrangierte Objekte wie Tische, Stühle, Anrichten etc. werden so miteinander verbunden und perspektivisch gekrümmt, dass sich zahlreiche, verschachtelte oder aneinandergereihte Flächen ergeben. Im übertragenen Sinne mutieren bei Fabian Treiber Malerei und Farbigkeit zu „Bildschirmen“, über die wir die Welt neu erfahren. Bei genauer Betrachtung dieser Bilder machen wir so anstelle von Behaglichkeit immer mehr und deutlichere Störfaktoren und Bruchstellen aus, die für Verwirrung und eine gewisse Orientierungslosigkeit sorgen. Wir versuchen trotz all dieser verwirrenden wie faszinierenden Eindrücke, das Sichtbare logisch zuzuordnen und zu verstehen, um zumindest möglich erscheinende Szenarien zu rekonstruieren. Aber je länger desto mehr beginnen wir uns zu fragen: Wozu dienen diese trotz allem bewusst und nicht willkürlich arrangiert wirkenden Räume und Objekte und wer haust in diesen?

In seinen aktuellen Bildern wagt der Künstler immer öfter den Schritt in den Außenraum.[2] Wurde in früheren Bildern der Blick über Fensteröffnungen in die Weite und eine vermeintliche Raumtiefe geleitet, werden nun in großformatigen, teils mehrteiligen Leinwänden Innen- und Außenraum nahezu fließend und nahtlos miteinander verbunden. Eine klare räumliche oder perspektivische Trennung von Innen und Außen, Nähe und Ferne ist kaum je eindeutig auszumachen. Raum, Zeit und Licht werden sozusagen zu einer Fläche zusammengeführt und vor dem Betrachter aufgeklappt, in dem alles gleichzeitig – parallel und simultan – in einem Kontinuum stattzufinden scheint. In zahlreichen aktuellen Bildern sieht man eine Sonne oder einen Mond, einen wolkenfreien Himmel. In manchen Bildern sind sogar beide Himmelskörper gut sichtbar. Wir haben jedoch keinerlei Gewissheit, ob es bei diesen Kompositionen nun um eine Darstellung bei Tag oder Nacht handelt. Das Licht leuchtet die Innen- und Außenräume gleichmäßig diffus und ohne Schattenwurf aus. Wir verlieren jegliches Zeitgefühl. Raum und Zeit scheinen in den Bildern von Fabian Treiber seltsam suspendiert zu sein.

Fabian Treiber präsentiert uns (Innen- wie Außen-)Räume, die weder visuell, perspektivisch noch im Sinne eines allgemeinen Realitätsverständnisses und vor allem emotional nicht barrierefrei sind. Man stößt sich an Raumkanten, Mobiliar oder bleibt an anderen Objekten förmlich hängen. Das Bedürfnis, sich erst einmal neu zu sortieren, anstatt sich auf den nächstbesten Stuhl zu setzen oder sich aufs Sofa zu fläzen, wird rasch größer. Obschon in der Regel menschenleer, wirken die Räume seltsam „besetzt“, liegengelassene Objekte gleichsam von vergangenen, unbekannten Tätigkeiten „beschmutzt“. Die „Action“ haben wir aber offensichtlich verpasst. Gewohnte zeitliche und narrative Abläufe scheinen ausgesetzt. Diese verlassenen Orte und die darin verteilten Objekte entwickeln ein seltsames Eigenleben, auch ohne dargestellte Protagonisten. In vielen Bildern finden sich zwar mehr oder weniger eindeutig identifizierbare Objekte, die aber entweder ihrem natürlichen Größe-Maßstab-Verhältnis, der Schwerkraft oder Perspektive oder über ihre farbliche und malerische Beschaffenheit, die der Künstler über raffinierte technische Eingriffe[3] erzielt, der uns bekannten Welt zuwiderlaufen und sich auch nicht so recht mit der übrigen Komposition oder Farbigkeit verbinden wollen. Dabei gibt es einzelne Objekte und Details wie Körperfragmente, die gerade in aktuellen Werken vermehrt auftauchen, die eine verstörend-bedrohliche Qualität erzeugen. In einigen Bildern taucht beispielsweise hinter einer Wand, einem Objekt und manchmal auch lose, vom Rest des Körpers getrennt, eine Hand auf, oft eine Zigarette haltend oder vage in eine Richtung zeigend, die von einer versteckten Präsenz einer Person zeugt.[4] Derart eingesetzte Objekte erhalten auf diese Weise innerhalb der Gesamtkomposition eine solche Prominenz, dass sich hier der Begriff *Body of Evidence* (im Englischen für *Beweismaterial*) geradezu anbietet: Diese Objekte und Fragmente scheinen untereinander in einer für den Betrachter nicht endgültig schlüssigen, mehrdeutigen Beziehung zu stehen, erhalten dadurch eine Art Subjektstatus und darüber hinaus wird ihnen über die farbliche und malerische Beschaffenheit gewissermaßen Leben eingehaucht. Oftmals sind es diese einzelnen Objekte, die als einzige Volumen erhalten und körperlich, greifbar wirken.

Fabian Treibers Bilder geben sich von Anfang an als künstliche, surreal wirkende Kompositionen zu erkennen; der Künstler strebt keine realistische, mimetisch täuschend echte Darstellungsweise an. Die Tatsache, dass diese Bildräume oft wie von verschiedenen – natürlichen wie künstlichen – Lichtquellen bühnenartig ausgeleuchtet wirken, aber kaum je Schatten auszumachen sind, entrückt die dargestellten Objekte umso mehr von ihrer im Alltag gewohnten Zuordnung und steigert den artifiziell-surrealen, fiktiven Eindruck. Entscheidend ist allerdings, dass es Fabian Treiber schafft, Räume und Objekte in einer Balance zu halten, damit der Betrachter gerade noch eine Spur an realer, alltäglicher Zuordnung ausmachen und das auf dem Bild Dargestellte in ihm Assoziationen und Spekulationen an Erinnertes und Erfahrenes triggern kann. Wir suchen, ob bewusst oder unbewusst, stets nach uns bereits bekannten Referenzen.

Um ein klareres Verständnis der oben beschriebenen, charakteristischen Bild-Zustände und -Phänomene zu schaffen, sollen diese an zwei (subjektiv ausgewählten) Malereien aus dem jüngeren Schaffen des Künstlers weiter ausgeführt werden: Einerseits an *Watching*, andererseits an *Penthouse Perfection.*[5] Vom Motiv und Format sind beide Werke völlig unterschiedlich, zeigen aber auf, dass die vom Künstler kultivierte Bildsprache überzeugend sowohl an Klein- wie Großformaten funktioniert.

In *Watching* gleitet der Blick offensichtlich an einer hohen Wand hin zu zwei Fensteröffnungen links oben. Der Vordergrund ist nur malerisch durch den Farbauftrag strukturiert, ansonsten aber völlig flach und weder architektonisch noch perspektivisch akzentuiert. Gewissermaßen sind es nur die beiden Fensteröffnungen, die die Vorstellung an Mauer(werk) herstellen. Mit dem hautartigen Farbton assoziiert man eher etwas Körperlich-Fleischliches. Die Malerei selbst wird im übertragenen Sinne zu einem (Farb-) Körper. Im Vergleich zum bescheidenen Bildformat suggerieren Bildausschnitt und Perspektive einen Raum von beachtlicher Größe und Höhe. Die nah beieinander liegenden Rundbogenfenster erinnern an (romanische?) mittelalterliche Architektur. Die farbig helle Fläche im Vordergrund steht im Kontrast zum Blick aus den Fenstern, die offensichtlich eine nächtliche, vom Mond beschienene Hügellandschaft sowie zwei davorstehende Bäume oder Äste (so genau lässt sich das nicht sagen!) zeigen. Ein Hügel zieht sich durch beide Fenster und füllt diese fast aus. Im rechten Fenster zeigt sich eine stark angeschnittene weitere Erhebung, die in surreal anmutender Perspektive in unmittelbarer Nähe zur Fensteröffnung zu liegen scheint. Bei genauer Betrachtung zeigt sich mittig fast am rechten Rand des Mondes ein Punkt oder Fleck, der sowohl einen mit bloßem Auge sichtbaren Mondkrater aber auch ein Auge darstellen kann. Der Fleck scheint derart dezidiert in den Mond gesetzt, dass es sich kaum um eine bloße Farbspur handeln kann, die aus dem Malprozess resultiert. Handelt es sich hier um eine Referenz an die aus Märchen und mystischen Erzählungen bekannte Figur vom Mann im Mond? Oder handelt es sich um ein von Körper und Gesicht abgelöstes Auge, welches uns aus dem Bild anschaut beziehungsweise eine Blickrichtung vorgibt und etwas zu sehen scheint, was für uns unsichtbar hinter der Mauer verborgen bleibt? Dieser doppelte oder gesplitterte Blick vom Betrachter auf und vom Auge aus dem Bild heraus konfrontiert uns mit unserem eigenen Sehen und wendet sich in unangenehmes Ertappt- und Beobachtetwerden.

In *Penthouse Perfection* scheinen wir so dicht vor oder bereits im Raum zu stehen, dass ein ambivalenter *All-over*-Effekt entsteht: An allen Bildrändern, links wie rechts und oben wie unten ist der Bildraum nicht eindeutig begrenzt und franst gewissermaßen aus. Dadurch werden wir einerseits perspektivisch in den mehrfach angewinkelten Innenraum hineingezogen, andererseits wird dieser aufgrund von Asymmetrien und multiplen Fluchtpunkten regelrecht geplättet. Obwohl sich hier eindeutig ein großräumiger Innenraum zeigt, manifestieren sich Bild und Malerei als reine (Ober)Fläche. Die „schräge“ Architektur und die „schräge“ Inneneinrichtung wirken wie eine Persiflage auf gängige Design- und Wohneinrichtungskataloge und Lifestyle-Standards. Große, bis zum Boden reichende Fenster versprechen zwar eine offensichtlich unverbaubare 1A-Aussicht in die Landschaft und es strömt viel Licht in das Interieur, dieses scheint aber schon länger verlassen und in einem ungeordneten Zustand und die Küstenlandschaft ist mehr Ödland denn *locus amoenus*. Möglich, dass hier der Künstler eine ironisch gebrochene Konsumkritik artikuliert.

Als viel radikaler als solche möglichen Zeitgeistphänomene erweisen sich die künstlerischen Entscheidungen, die Fabian Treiber hier getroffen hat. Innen- und Außenraum wirken alles andere als perspektivisch eindeutig klar gestaffelt oder voneinander getrennt. Die Fensterrahmen und -türen könnten genauso gut die Leiste von Bilderrahmen sein, auch wenn diverse Vorhänge auszumachen sind. Es kann sich sowohl um bemalte Paravents oder Bilder und damit um gemalte, simulierte Natur handeln, oder um einen tatsächlichen Blick aus dem Fenster in die Landschaft. Nahes und Fernes wirken gleich weit entfernt. Reale Proportionen oder ein rational nachvollziehbares Größe-Maßstab-Verhältnis kollabieren. Die pastellfarbene Palette ist zwar tonal vielfältig, wirkt aber auch seltsam diffus und die Raumtiefe einebnend. Abgesehen von intensiven Rottupfern gibt es kaum einen Farbton, der sich deutlich von den anderen akzentuiert und die Malerei erzeugt weder Dichte noch Volumen. Die Mehrheit der Objekte ist zwar klar erkenn- und zuordenbar, diese wirken aber gleichsam lichtdurchlässig und damit zu fragil, um tatsächlich verwendet oder berührt zu werden, womit sie zusätzlich von der Wirklichkeit entrückt und als artifiziell wahrgenommen werden. Obschon es Tag zu sein scheint, gibt es weder einen Schattenwurf noch ist abgesehen von den gegen einen Luftzug heftig ankämpfenden, flackernden Kerzen keine eindeutige Lichtquelle auszumachen. Lugt da der Mond oder doch die Sonne ein wenig rechts von der Bildmitte über den stark angeschnittenen Horizont hart am oberen Bildrand? Je länger man sich mit dem Bild auseinandersetzt, umso mehr verstörende Bruchstellen manifestieren sich. Reales und Surreales gehen in diesen Bildern eine waghalsige Koexistenz ein. Vermeintliche Gewissheiten lösen sich auf, an deren Stelle mehr und mehr Zweifel an alltäglichen Begebenheiten treten.

Die arrangierten Innen- und Außenräume, mit denen uns der Künstler konfrontiert, wirken zuweilen wie leere, verlassene Filmsets oder Kulissen. Verschiebbare Wände und Requisiten, die ständig neu kombiniert und von neuen Handlungen besetzt werden können. Der Film ist offenbar abgedreht, Schauspielerinnen und Schauspieler sowie die ganze Filmcrew haben das Set bereits verlassen. Als Betrachter stehen wir vor diesen Bildern vergleichbar mit dem Gefühl des Alleinseins in einem vollbesetzten Kinosaal, nachdem wir einen Film gesehen haben, der uns emotional wie psychologisch stark aufgewühlt und verstört hat. Der Abspann läuft bereits und um uns herum verlassen die ersten Besucher schon den Saal. Wir müssen uns aber noch immer sammeln und alles ist noch zu frisch, zu intensiv, um die Verständnislücken rational zu schließen. Wir wissen, dass der Film ein Kunstprodukt ist und dass Abbildung und Abgebildetes nicht identisch sind und dennoch prallen Realität und Fiktion, reales und imaginiertes Leben in Filmen wohl härter aufeinander, als bei einem Bühnenstück, dessen Aufführung wir beiwohnen. Denn die zweidimensionale Oberfläche einer Kinoleinwand beziehungsweise eines TV-Bildschirms simulieren Fiktives vermutlich realer, natürlicher und suggestiver als andere Medien. Und die Leinwandmalerei bedient diese Verführungskünste nicht weniger überzeugend. Wie haben wir mit diesen Bildern nun umzugehen, wie ordnen wir diese in unserem Verständnis und Begreifen ein?

Um unser Verständnis von Welt zu erweitern, braucht es Abweichungen im Denken und eine Vielfalt von Denkern, die auch herkömmliche Konventionen in Frage stellen. Es braucht individuelle Sichtweisen, die uns einzigartig machen und die gleichberechtigt miteinander diskutiert und ausdifferenziert werden sollten, um letztlich gemeinsam einen Konsens, eine Lösung zu finden. Fabian Treiber bietet uns mit seinen vermeintlich simplen Alltagsszenen zwar keine Lösung, dafür eine Plattform an, die uns auffordert, unseren Standpunkt kritisch zu hinterfragen. Es geht ihm in seiner Kunst nicht um das bloße Kultivieren verstörender Raum- und Verständnislücken, die seine Bilder auslösen; das wäre rasch abgenutzte *l'art pour l'art*. Die Bruchstellen, die sich in seinen Bildern ergeben, sollten vielmehr als Öffnungen neuer Perspektiven akzeptiert und wahrgenommen werden.

Fabian Treibers Malerei und die sichtbar bleibenden malerischen Spuren und Schichten zeigen seine Bilder damit immer auch als ein Reflektieren über Malerei und das Bildermachen und den Stellenwert von Kunst in unserer gegenwärtigen Gesellschaft.[6] Wie verhält sich ein künstliches Bild zu unserer Wirklichkeit? Ist es Widerstand oder Projektionsfläche zu der uns bekannten und gewohnten Wirklichkeit? Was braucht ein Bild, um sich als unabhängige, von der Realität des Alltags emanzipierte Realität behaupten zu können? Kunst wird so zum Spiegel der Wirklichkeit und hilft, unseren eigenen Standpunkt in der Welt und unsere Erwartungen klarer zu verorten und unsere Sicht der Dinge an anderen Standpunkten zu reiben. Die Vorstellung einer einzig gültigen Sichtweise oder Realität ist eine Illusion. Um die Welt neu zu sehen, beginnt man bei den einfachen Dingen. Diese erweisen sich oft als komplex, überraschend und irritierend genug und fallen mitunter völlig aus dem Rahmen von Konventionen, Gewohnheiten und Erfahrungen. Fabian Treibers Malerei ist damit ein lohnendes Angebot, das Verhältnis von Imagination und Wirklichkeit, auf dem die Vorstellung unserer Welt aufbaut, zu hinterfragen. Die unkonventionelle Art und Weise, mit der er gewöhnliche und bekannte Dinge neu interpretiert, vermitteln dem Betrachter eine Ahnung der Freiheit, die eine Welt und ein Leben böten, in der Imagination und Wirklichkeit gleichberechtigt wären.

1

Der Autor dankt an dieser Stelle dem Künstler, Dr. Madeleine Kern und Carlo Magno für fortdauernde, konstruktive Kritik!

2

Der Außenraum spielt seit 2016 im Schaffen des Künstlers eine zentrale Rolle und wurde in einzelnen Werkgruppen (bspw. *Chula Vista* (2017–18), *Others* (seit 2019), *Dream Homes* (2020) oder *Plein Air* (2021) vor allem in Kleinformaten oder Papierarbeiten immer deutlicher artikuliert, bis dieser auch in großformatigen Malereien eingesetzt worden ist.

3

Zum malerischen Vorgehen und der Technik von Fabian Treiber, siehe der Beitrag von Harriet Zilch in dieser Publikation oder auch: Invar-Torre Hollaus, „Bilder, die aus dem Rahmen fallen", in: *Fabian Treiber: Candle, Candle*, Wien 2018, S. 10–20, hier: S. 13–14.

4

Diese Hand scheint eine Referenz an Philip Guston zu sein, den der Künstler sehr schätzt. An anderen, für Treibers Malerei charakteristischen Details ließen sich weitere Referenzen diskutieren. So erinnern beispielsweise die mäandernden Farbkringel auf Wasseroberflächen an David Hockneys Pool-Bilder, einzelne isolierte Objekte und vor allem die ausgeleuchteten, bühnenartigen Innenräume an Francis Bacon, prekäre Bildausschnitte und angeschnittene Objekte an Raoul de Keyser, die pastellfarbene Palette aktueller Bilder an Piero della Francesca oder andere Freskenmaler des Quattrocento. Diese Liste ließe sich erweitern. Zu den von Treiber geschätzten Künstlerinnen und Künstlern sind seine Interviews besonders aufschlussreich, siehe: fabiantreiber.de!

5

Watching, 2020, 45 × 38 cm; *Penthouse Perfection*, 2021, 180 × 280 cm.

6

In diesem Abschnitt werden zum Teil Stellen eines früheren Texts des Autors zitiert bzw. weitergedacht; siehe: Invar-Torre Hollaus, „Bilder, die aus dem Rahmen fallen", wie Anm. 3.

Please Come In!—Ruptures in Fabian Treiber's Pictorial Spaces

Invar-Torre Hollaus

Please come in, even if no one seems to be home at the moment![1] Fabian Treiber's pleasantly colourful interiors, fitted with stylish modern furniture, are evocative, exuding a cool, distanced attitude and inviting the viewer to step inside, figuratively speaking, and explore. Yet we do so at our own risk. Because we soon come to realise that these spaces may not be ideal for relaxation after all. They don't convey a sense of security or protection, nor do they represent a fashionable or on-trend lifestyle. Interestingly, these rooms tend to be rather analogue. Computer monitors, smartphones, and other digital devices that have by now become part of our basic daily tools are just as absent as television screens. In these compositions, we hardly find any of the many screens and surfaces through which we consume and connect with the world. Architectural components of space (such as walls, windows, floors, and corridors) and the objects arranged in them (such as tables, chairs, and dressers) are combined and bent in perspective so as to create numerous nested or juxtaposed surfaces. In Fabian Treiber's work, painting and colour seem to mutate into "screens" through which we experience the world anew. Taking a closer look at these images, we thus find more and more disruptive elements and ruptures in place of comfort, causing confusion and a certain degree of disorientation. Despite these confusing and fascinating impressions, we try to logically categorise and understand what we see, attempting to at least come up with plausible scenarios. But the more we look, the more we begin to wonder: What is the purpose of these spaces and objects, which in spite of everything seem to be arranged intentionally rather than randomly—and who resides in them?

In his recent paintings, the artist increasingly ventures into exterior space.[2] Whereas in earlier work the eye was drawn through window openings into the distance, creating a sense of spatial depth, interior and exterior space are now almost fluidly and seamlessly interconnected on large-format canvases, some of which span multiple panels. It's hardly ever possible to make a clear spatial or perspectival distinction between inside and outside, near and far. Space, time, and light are, in a sense, brought together into one plane and laid out before the viewer, forming a continuum in which everything seems to take place simultaneously—in parallel and all at once. Many recent paintings feature a sun or a moon, a cloudless sky. In some, we can even clearly see both orbs. However, there is no certainty as to whether these compositions present day or night. Light illuminates the interior and exterior spaces in a uniformly diffuse manner, without casting shadows. We lose all sense of time. In Fabian Treiber's paintings, space and time seem strangely suspended.

Fabian Treiber presents us with (interior and exterior) spaces that aren't free of obstacles. This is true at the level of the visual, perspective, a common understanding of reality, and above all, emotionally. You bump into the corners of a room or furniture or literally become stuck on other objects. You feel a growing need to pull yourself together again instead of sitting down on the next best chair or flopping onto the sofa. Although these rooms are usually deserted, they seem strangely "occupied", and objects left lying around seem "soiled" by previous unidentified activities. We've obviously missed the "action". Familiar temporal and narrative processes seem to have been abandoned. These deserted places and the objects scattered around them develop a strange life of their own, even in the absence of visible protagonists. Many of the paintings contain objects that are more or less clearly identifiable yet run counter to the world we know—either through their sense of scale, gravity, or perspective, or through their colour or painterly qualities, which the artist achieves through sophisticated technical interventions.[3] Such elements often don't quite seem to want to cohere with the rest of the composition or colours. At the same time, isolated objects and details like bodily fragments, which increasingly appear in recent works, create an unsettling and ominous quality. In a number of paintings, for example, a hand emerges from behind a wall or an object. Occasionally it's on its own, detached from the rest of its body. Testifying to the hidden presence of a human figure, this hand sometimes holds a cigarette or vaguely points in a certain direction.[4] Objects used in this way obtain such prominence within the overall composition that the notion of the *body of evidence* seems fitting. These objects and fragments relate to one another in an ambiguous way that remains inconclusive for the viewer, thereby taking on a kind of subject status. Life is also breathed into them, so to speak, through the use of colour and paint. Often, these individual objects are the only elements that are given volume and come across as physical and tangible.

Right from the start, Fabian Treiber's paintings present themselves as artificial, somewhat surreal compositions; the artist doesn't aspire to a realistic, mimetic, "lifelike" mode of representation. The fact that the spaces in these pictures often appear to be stage-lit by various sources of light—both natural and artificial—and that there are hardly ever any shadows removes the objects even further from their usual associations in everyday life. This heightens the sense of the artificial, the surreal, and the fictional. What is key, however, is that Fabian Treiber manages to keep these spaces and objects in a state of balance, allowing the viewer to still make out a trace of real, everyday associations. In this way, what is depicted in the picture can trigger associations and speculations relating to the viewer's memories and experiences. Whether consciously or unconsciously, we are always searching for familiar references.

To create a better understanding of the characteristic pictorial modes and phenomena described above, I will further elaborate these in relation to two (subjectively chosen) paintings from the artist's recent work: *Watching* and *Penthouse Perfection!*[5] Although these two pieces are very different in terms of motif and format, they demonstrate that the visual language cultivated by the artist is equally convincing whether the work is small or large.

In *Watching*, the eye seems to glide along a high wall to two window openings at the top left. The foreground is structured only through the painterly application of pigment; otherwise, it is completely flat, with no architectural or perspectival elements. To a certain extent, only the two window openings create the impression of a wall. The skin-like tone used here is more likely to be associated with something bodily and fleshy. In a sense, the painting itself is transformed into a body (of pigment). Compared to the modest format of the picture, the framing of the image and its perspective suggest a room of considerable size and height. The closely spaced arched windows are reminiscent of (Romanesque?) medieval architecture. The brightly coloured surface in the foreground contrasts with the view seen from the windows; it appears to show a nocturnal hilly landscape lit by the moon, with two trees or branches at the front (it's not possible to say for certain!). A hill stretches through both windows, nearly filling them up. In the window on the right, we see another sharp elevation that seems, in a somewhat surreal perspective, to be quite close to the window opening. A second glance reveals a stain or spot near the middle of the moon, almost touching its right edge. It could represent one of the lunar craters visible to the naked eye, or it could be an actual eye. The spot seems so deliberately placed that it can't just be a trace of pigment brought about by the painting process. Is it a reference to the figure of the man in the moon familiar from fairy tales and mystical stories? Or is it an eye detached from a body and face, peering out at us from the painting or indicating a line of vision—seeming to see something that remains invisible to us behind the wall? This doubled or splintered gaze from the viewer onto the eye and from the eye out of the painting confronts us with our own process of seeing and then flips: suddenly, we're the ones who are caught and observed.

In *Penthouse Perfection* we appear to be standing so close to the room, or perhaps already inside it, that an ambivalent *all-over* effect is created. The pictorial space is not clearly defined at any of the picture's edges—neither left nor right, above or below—and this space begins, in a way, to unravel. As a result, we are, on the one hand, drawn into the manifold angles of the interior in terms of perspective. On the other hand, however, this space is virtually flattened out on account of asymmetries and multiple vanishing points. Though this is clearly a spacious interior, the picture and painting manifest as pure surface. The "quirky" architecture and "quirky" décor seem like a parody of popular design and home furnishing catalogues and lifestyle trends. Large floor-to-ceiling windows seem to promise a prime, unobstructed view of the landscape, and light floods into the interior. Yet this room seems to have been left abandoned and disorganized for some time, and the coastal landscape is more of a wasteland than a *locus amoenus*. The artist may be articulating an ironically inflected critique of consumerism here.

Far more radical than such zeitgeist phenomena are the artistic decisions Fabian Treiber has made here. Interior and exterior space are anything but clearly differentiated or separated in terms of perspective. Although we can make out various curtains, the window frames and doors could just as easily be the borders of picture frames. We may be looking at decorated screens or pictures—painted, simulated nature—or this may indeed be an actual view of the landscape from the window. The near and the far seem equally distant. Actual proportions collapse and there is no rationally understandable relation between size and scale. Although the pastel colour palette is tonally diverse, it also seems strangely diffuse and flattens the depth of the space. Apart from intense dabs of red, virtually no colour tone stands out from the rest, and the brushwork creates neither density nor volume. Although the majority of the objects are clearly recognisable and classifiable, they also seem translucent and thus far too fragile to actually be used or touched. This further removes them from reality, making them appear artificial. Although it seems to be daytime, there are no shadows, and apart from the flickering candles fiercely fighting against a gust of air, there is no clear source of light. Is the moon or the sun peeking over the truncated horizon a little to the right of the centre of the painting, at its upper edge? The more you examine the painting, the more unsettling ruptures are revealed. The real and the surreal boldly coexist in these images. Presumed certainties dissolve, replaced by growing doubts about everyday occurrences.

The arranged interior and exterior spaces the artist confronts us with seem, at times, like empty, abandoned film sets or backdrops—with movable walls and props that are constantly recombined and taken up by new storylines. The filming has apparently ended; the cast and crew have already left the set. As viewers, the feeling we have when standing in front of these paintings is like being alone in a crowded cinema after a film has left us emotionally and psychologically shaken. The credits are already rolling and around us, the first audience members are already starting to leave. But we still have to pull ourselves together and everything is still too fresh, too intense to fill the gaps of understanding with reason. We know that film is a product of art and that a representation is not identical with what it depicts, yet perhaps reality and fiction, real life and imaginary life collide more strongly here than in live performance. The two-dimensional surface of a film or television screen probably simulates fictional events in a way that is more real, more natural, and more suggestive than other media. And painting on canvas is no less convincing in its application of these seductive arts. So how do we deal with such images, how do we classify them in our thinking and understanding?

Expanding our understanding of the world requires deviations in thought and a variety of thinkers who question established conventions. It requires the individual perspectives that make us unique. And these perspectives should be discussed and differentiated on equal terms to ultimately come to a shared consensus, a solution. Although Fabian Treiber's seemingly simple scenes of everyday life don't offer a solution, they create a platform that challenges us to critically question our point of view. His work is not merely concerned with cultivating the unsettling gaps in space and understanding triggered by his paintings; this would quickly become a tired form of l'art pour l'art. Instead, the ruptures that emerge in his images should be recognised and welcomed as openings for new perspectives.

Like the traces and layers of paint that remain visible in his work, Fabian Treiber's paintings thus always also present a reflection on painting, picture-making, and the status of art in today's society.[6] How does an artificial image relate to our reality? Is it a source of friction or a projection screen for the reality we know and are familiar with? What does an image need in order to assert itself as an independent reality emancipated from the reality of everyday life? In this sense, art becomes a mirror of reality: it can help us more clearly situate our position and expectations in the world, and it allows us to test our view of things against other perspectives. The idea that there is one valid view or reality is an illusion. To see the world differently, you start with the simple things. These things often turn out to be abundantly complex, surprising, and irritating, and sometimes they fall completely outside the framework of conventions, habits, and experiences. Fabian Treiber's work is thus a rewarding invitation to interrogate the relationship between imagination and reality that underpins our idea of the world. His unconventional way of reinterpreting ordinary and familiar things gives the viewer a glimpse of the freedom that would be offered in a world and a life in which imagination and reality are considered equal.

1

The author would like to take this opportunity to thank the artist, Dr Madeleine Kern, and Carlo Magno for their ongoing constructive criticism!

2

Outside space has played a central role in the artist's practice since 2016. It was increasingly articulated in individual bodies of work, for example, *Chula Vista* (2017–18), *Others* (since 2019), *Dream Homes* (2020), and *Plein Air* (2021), especially in smaller scale pieces and works on paper. Most recently, it was also introduced in large-format paintings.

3

For a discussion of Fabian Treiber's painterly approach and technique, see Harriet Zilch's contribution to this publication. See also: Invar-Torre Hollaus: "Pictures that don't quite fit the frame", in: *Fabian Treiber: Candle, Candle*, Vienna 2018, pp. 10–20, here: 18–19.

4

The hand seems to be a reference to Philip Guston, a painter the artist greatly admires. We can identify additional references in relation to other characteristic details in Treiber's work. For example, the meandering swirls of color on the surface of water recall David Hockney's pool paintings; individual isolated objects and, above all, Treiber's use of illuminated, stage-like interiors recall Francis Bacon; precarious details and cropped objects recall Raoul de Keyser; and the pastel palette of recent paintings recalls Piero della Francesca and other fresco painters of the Quattrocento. This list could go on. Treiber's interviews are especially informative regarding the artists he admires, see: fabiantreiber.de!

5

Watching, 2020, 45 × 38 cm; *Penthouse Perfection*, 2021, 180 × 280 cm.

6

This paragraph takes up and develops passages from an earlier text by the author. See: Invar-Torre Hollaus: "Pictures that don't quite fit the frame", as cited in footnote 3.

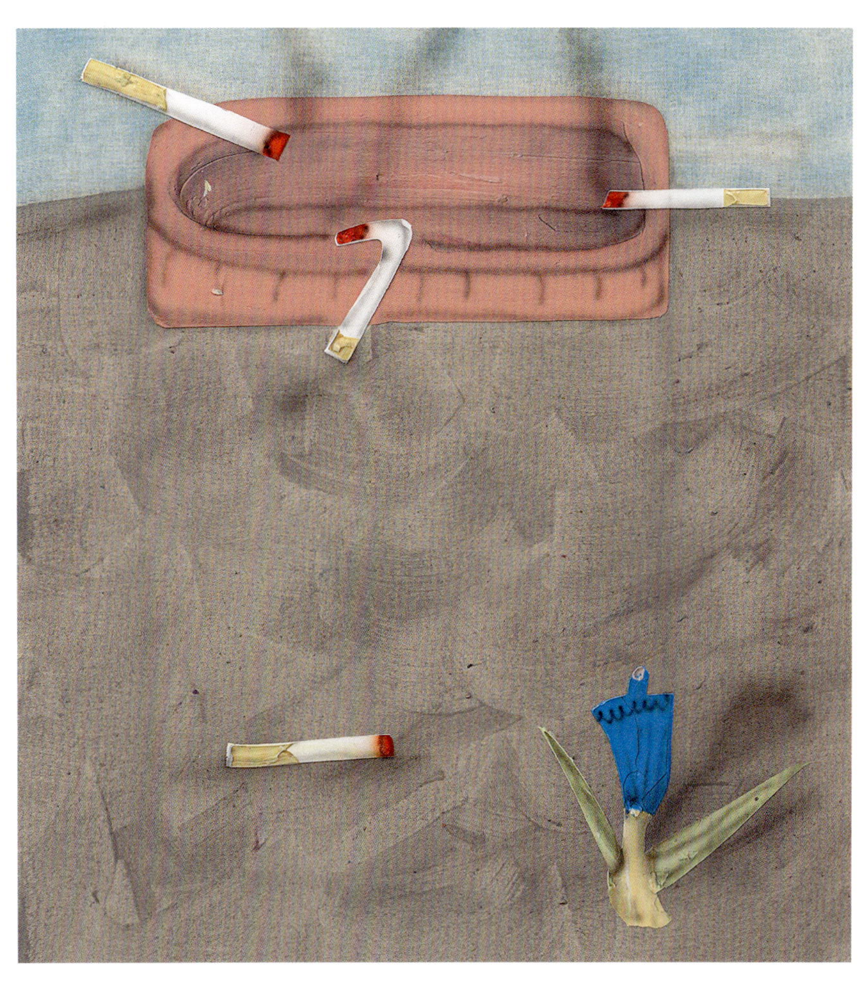

aus der Serie / from the series *Others*, 2019

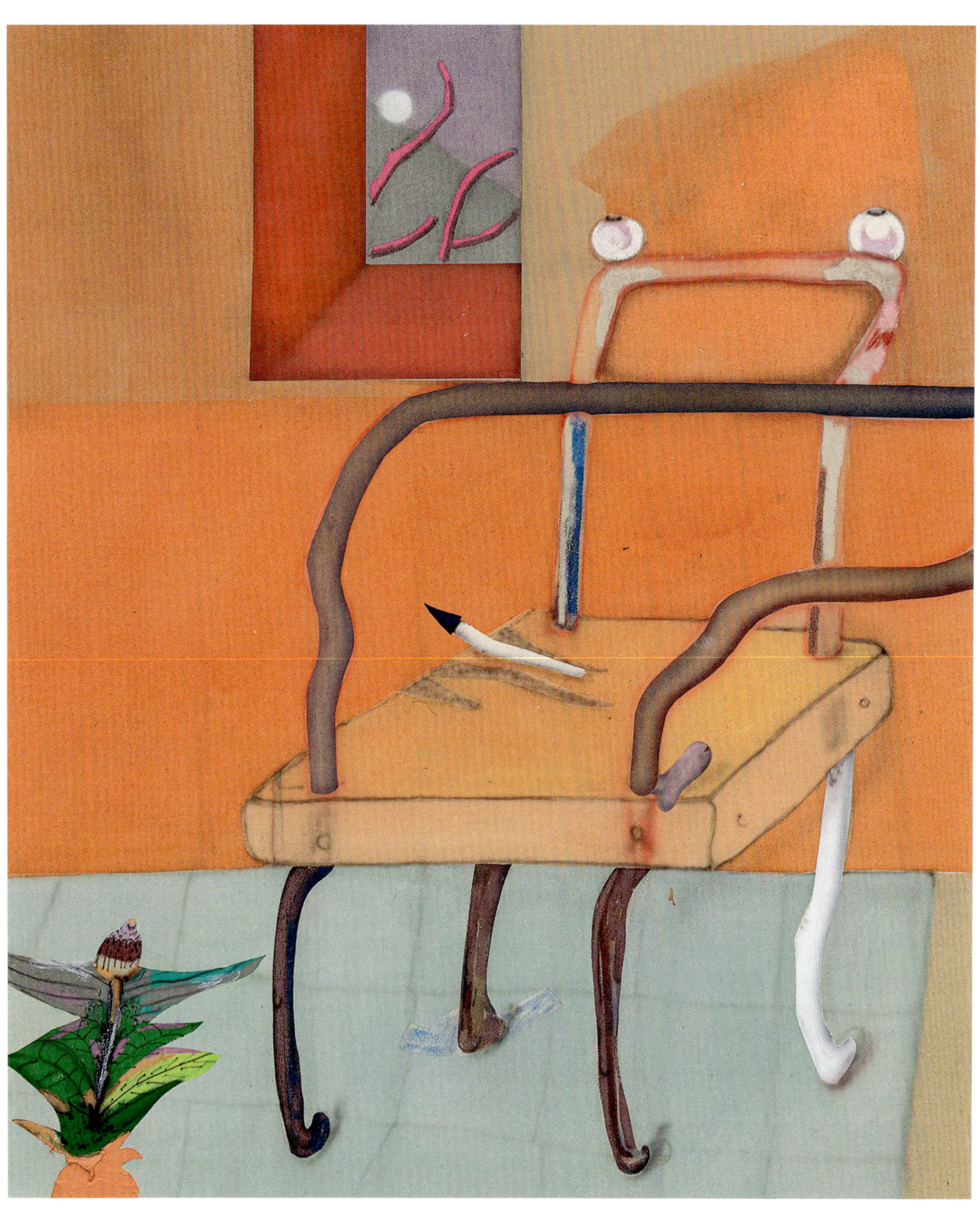

My Chair 3, 2021

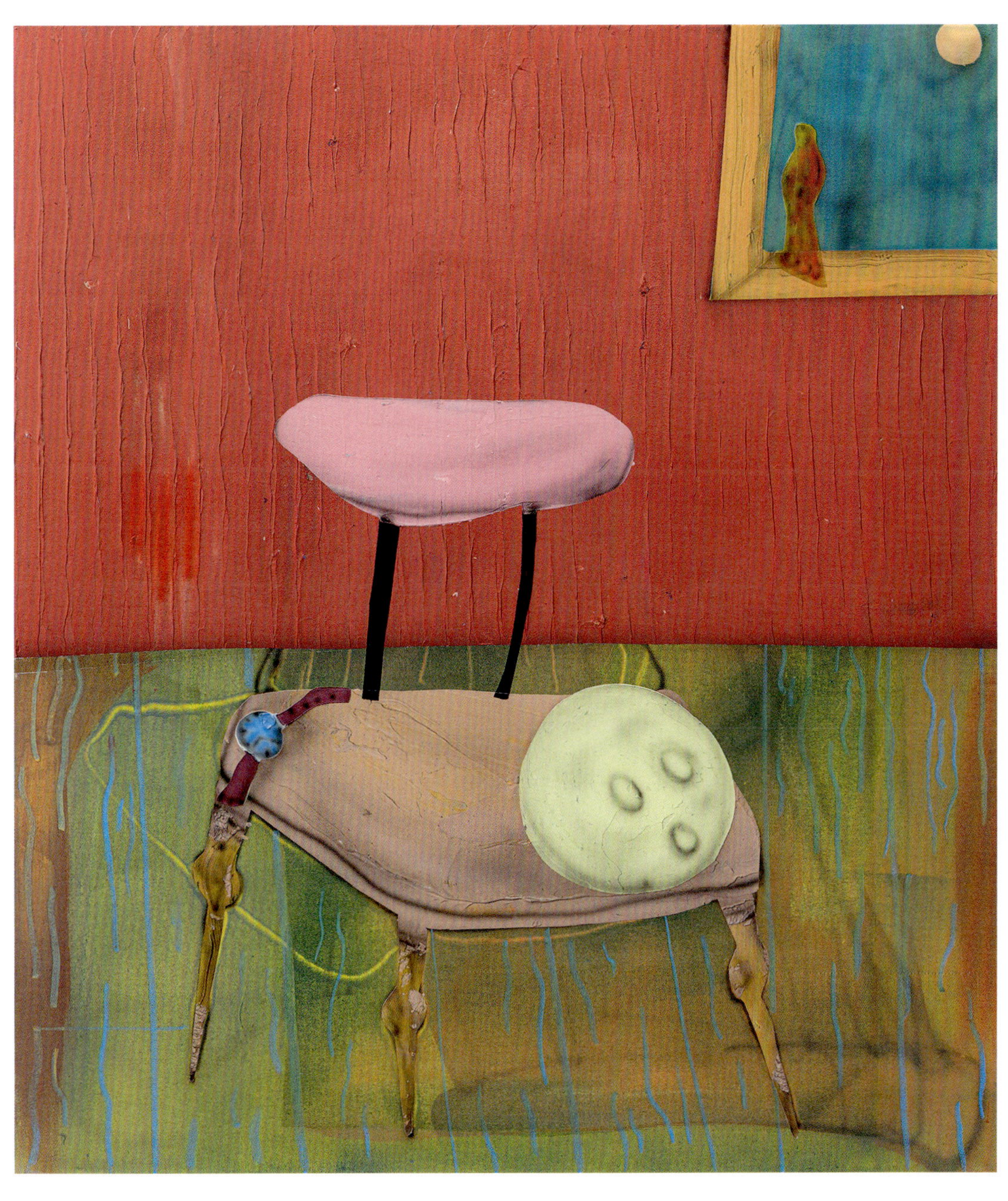

My Chair 2, 2019

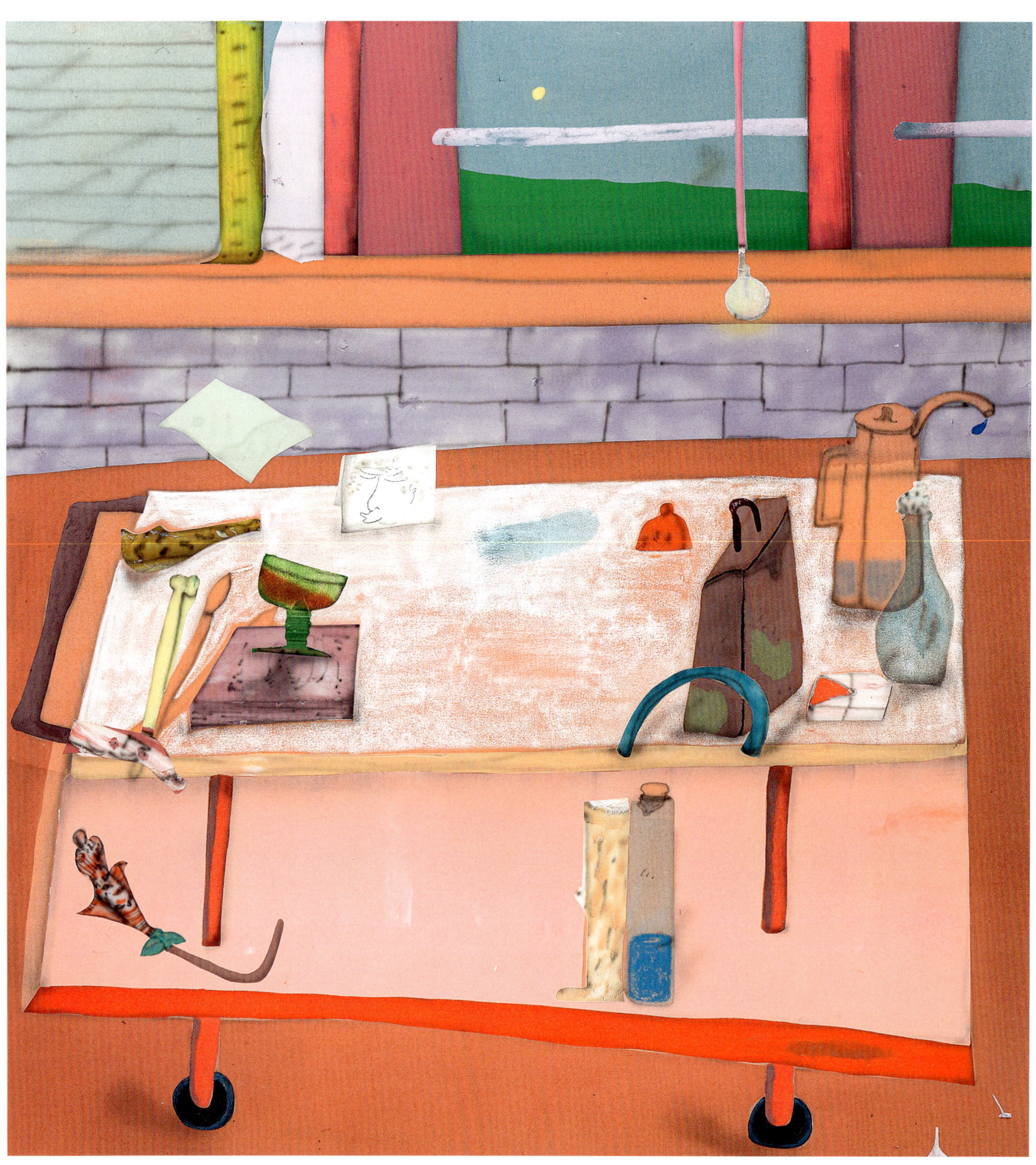

Anyway, 2020

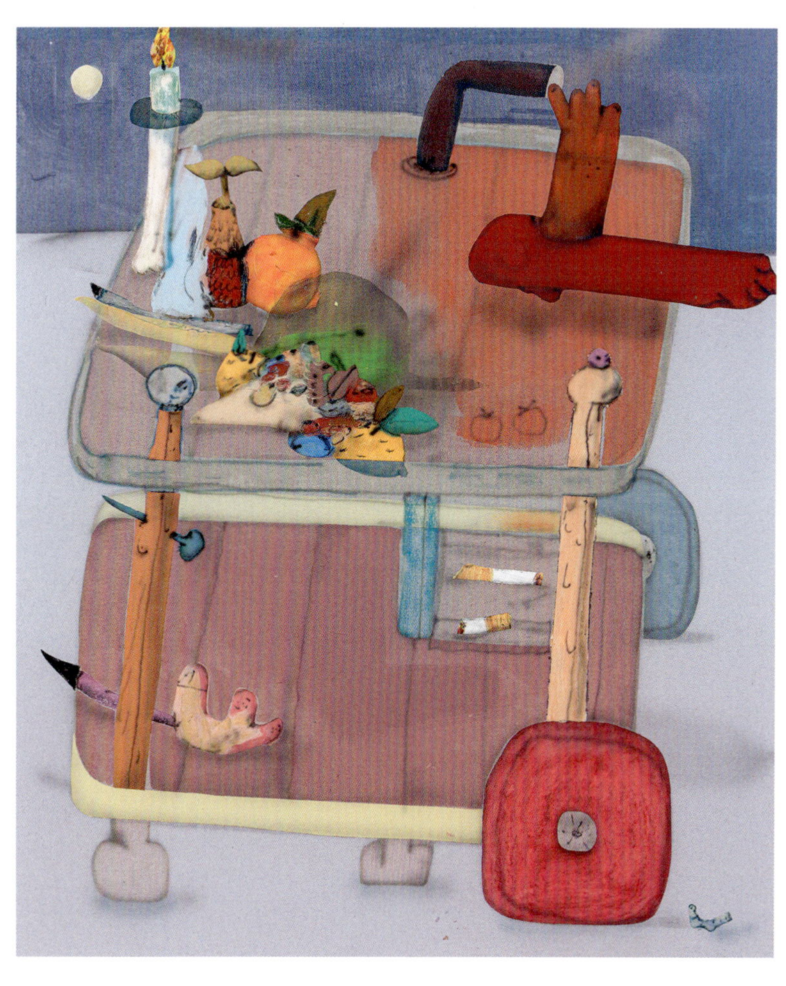

Untitled (Standards Of Living #3), 2021

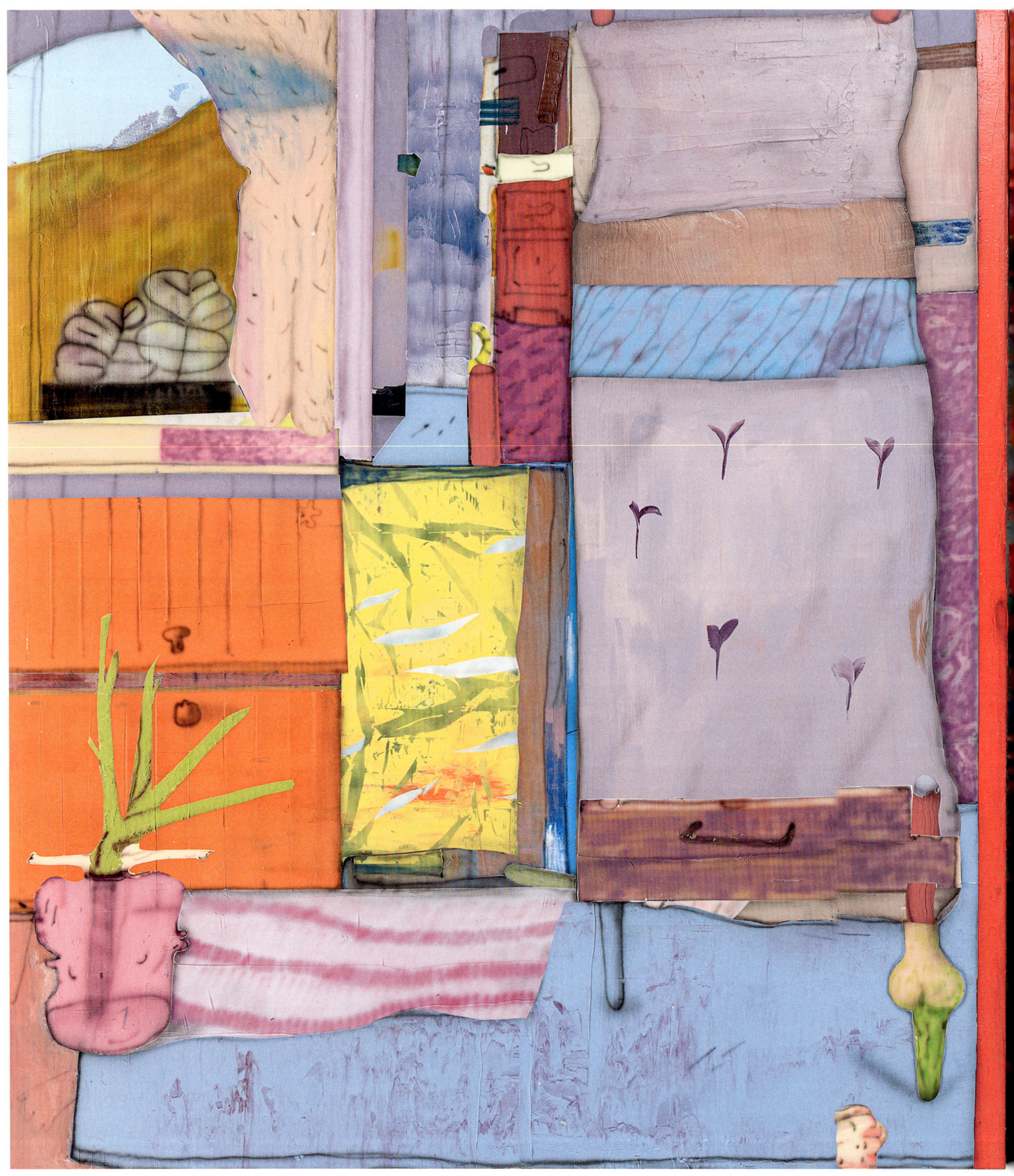

Bed At Night, 2020

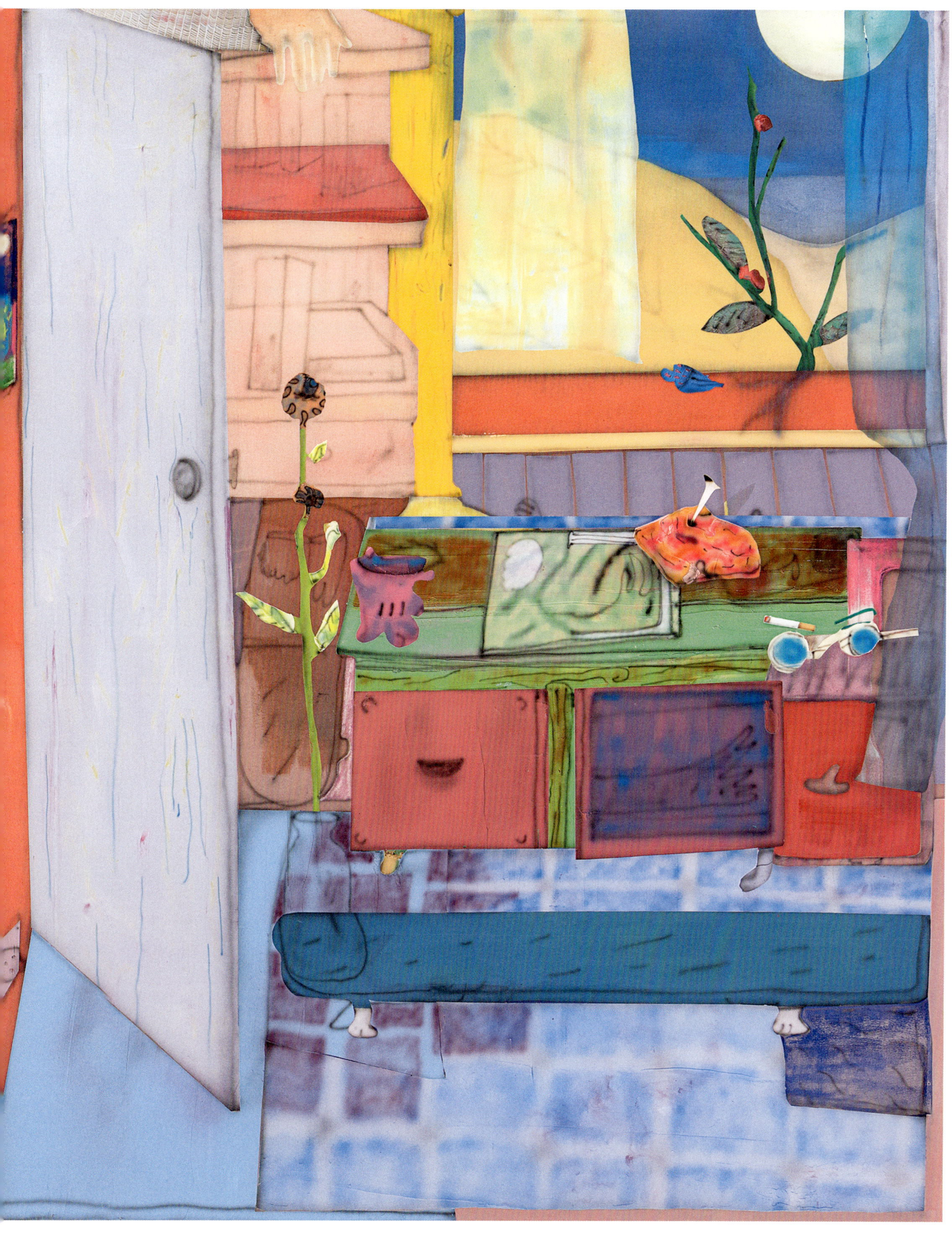

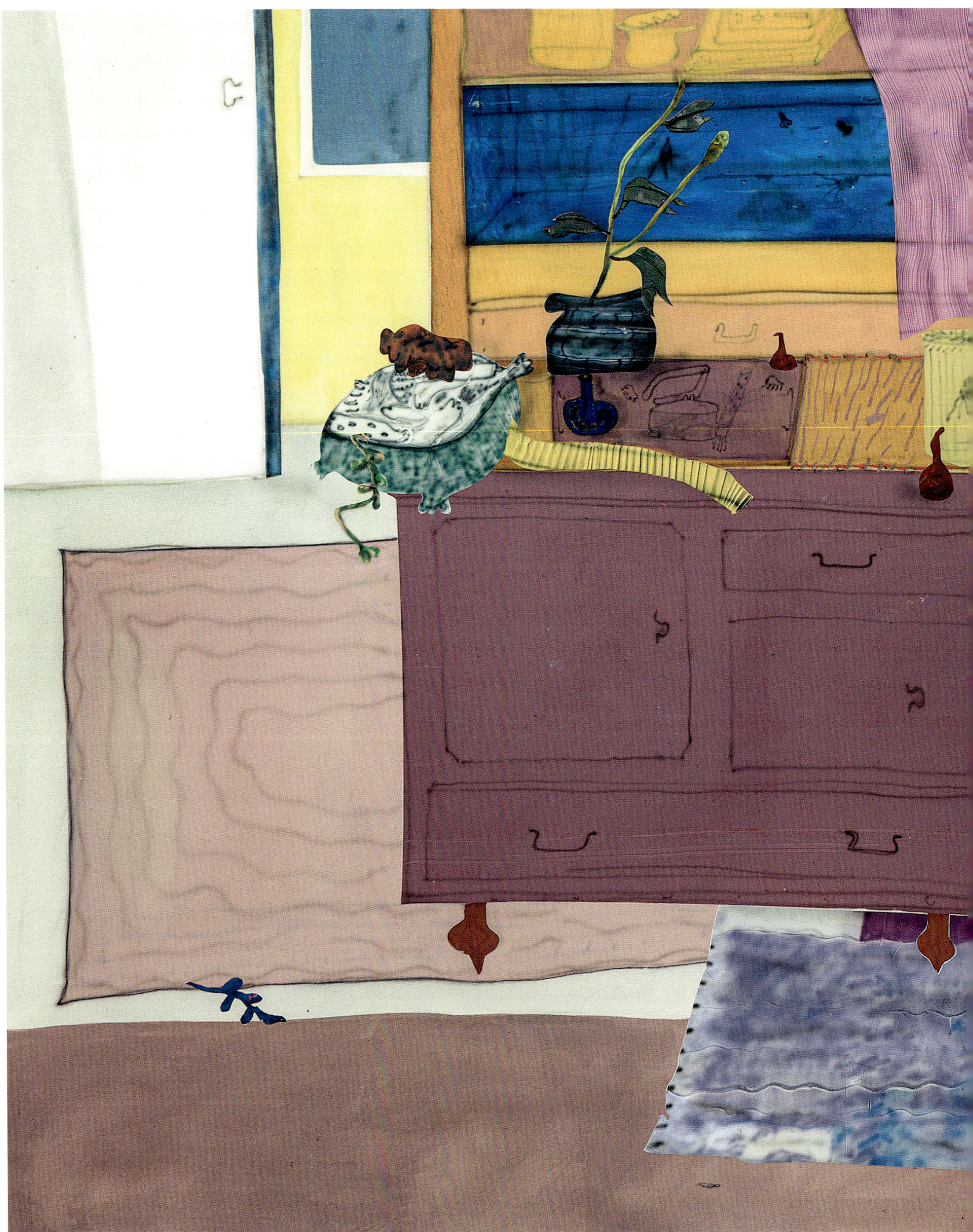

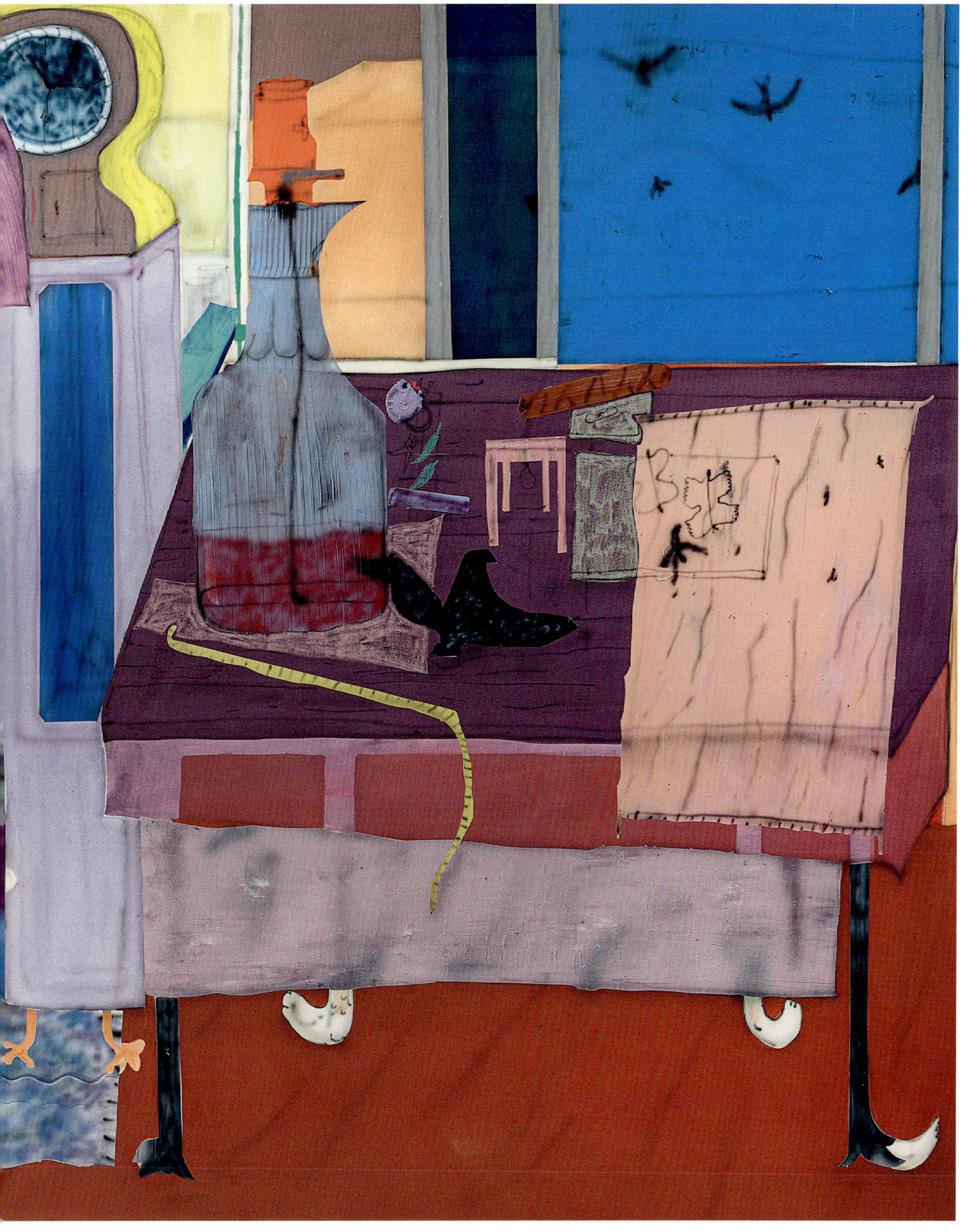

Dawn, 2018

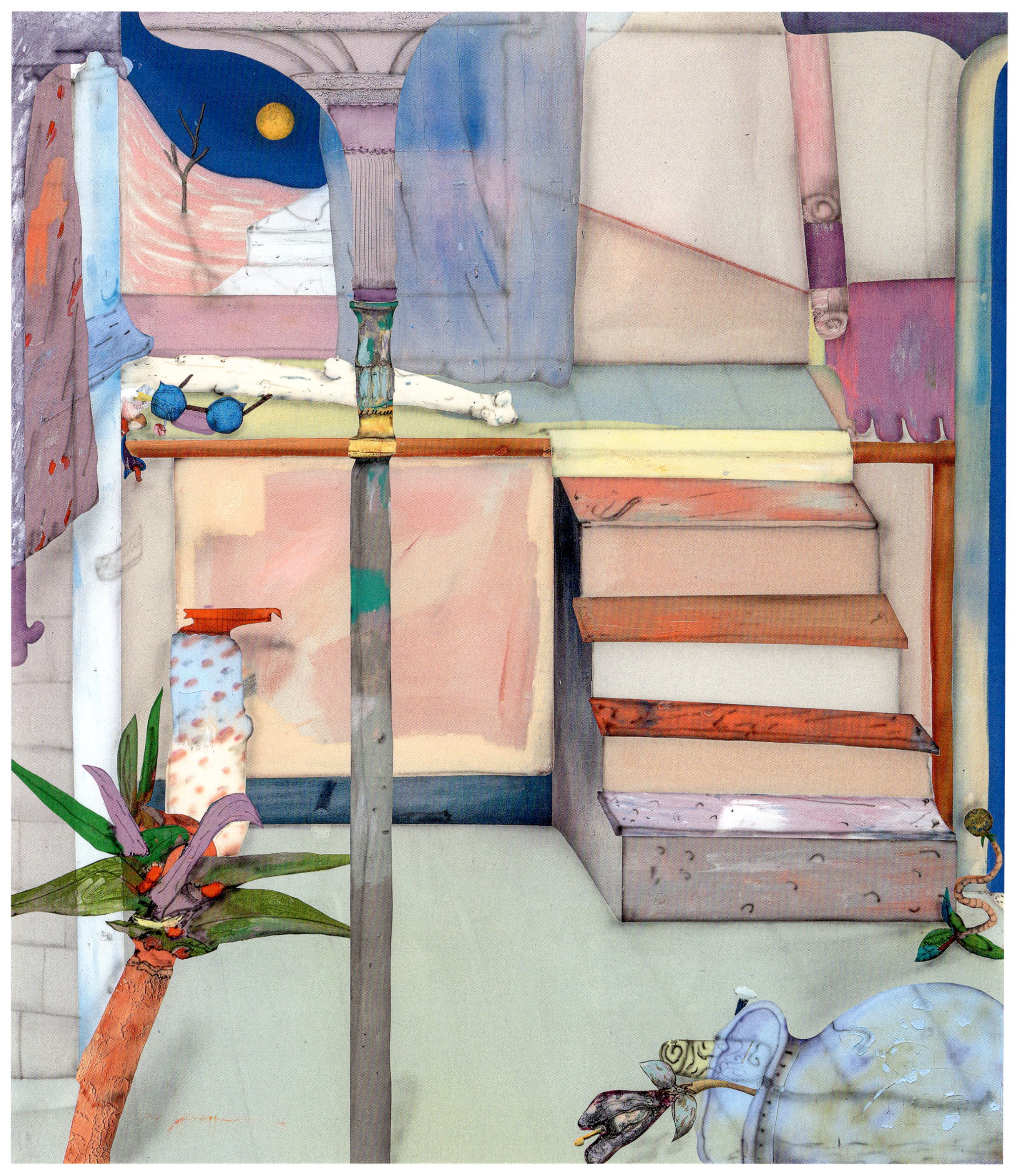

Pale Shelter, 2021

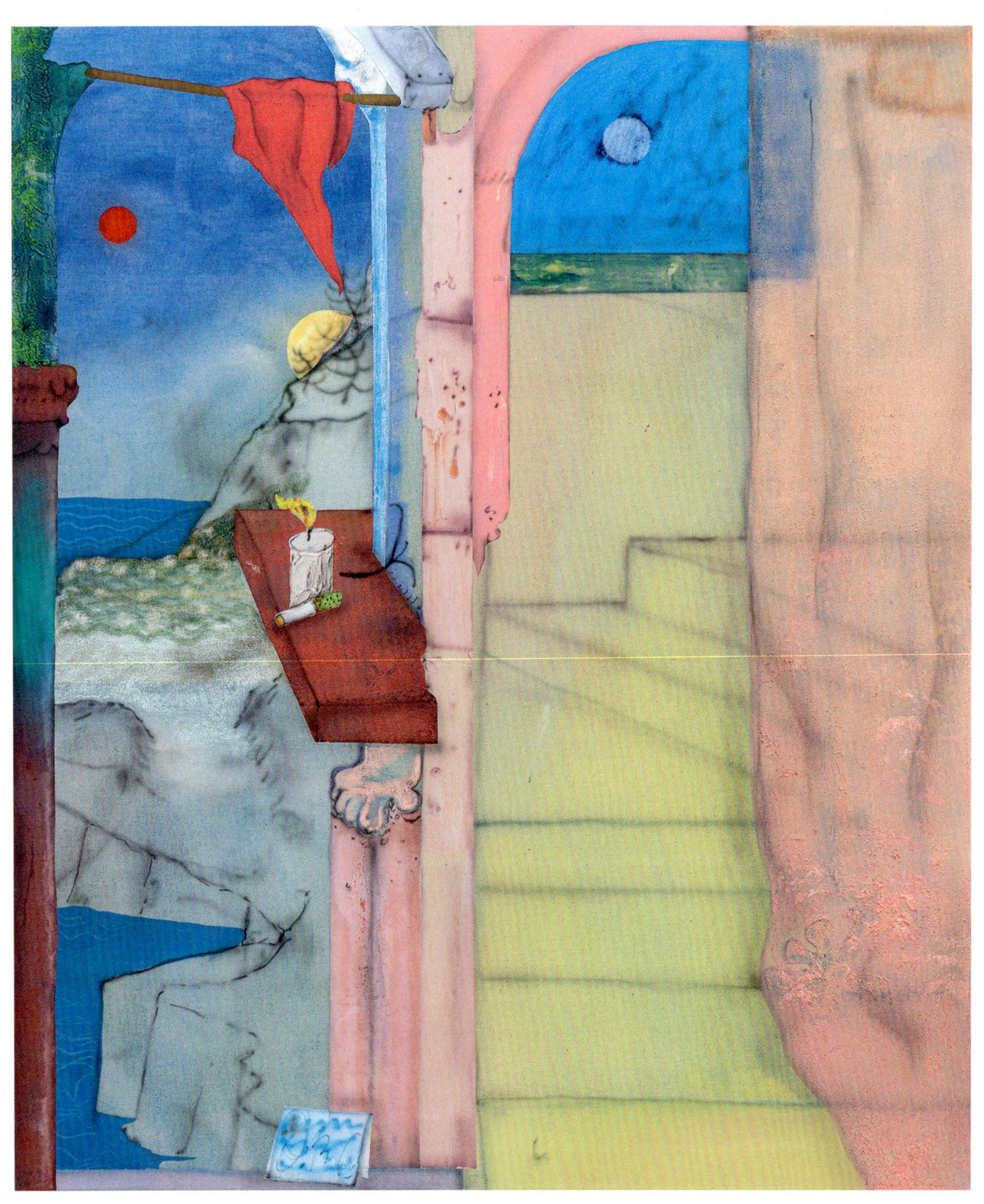

Remember That The City Is A Funny Place, 2021

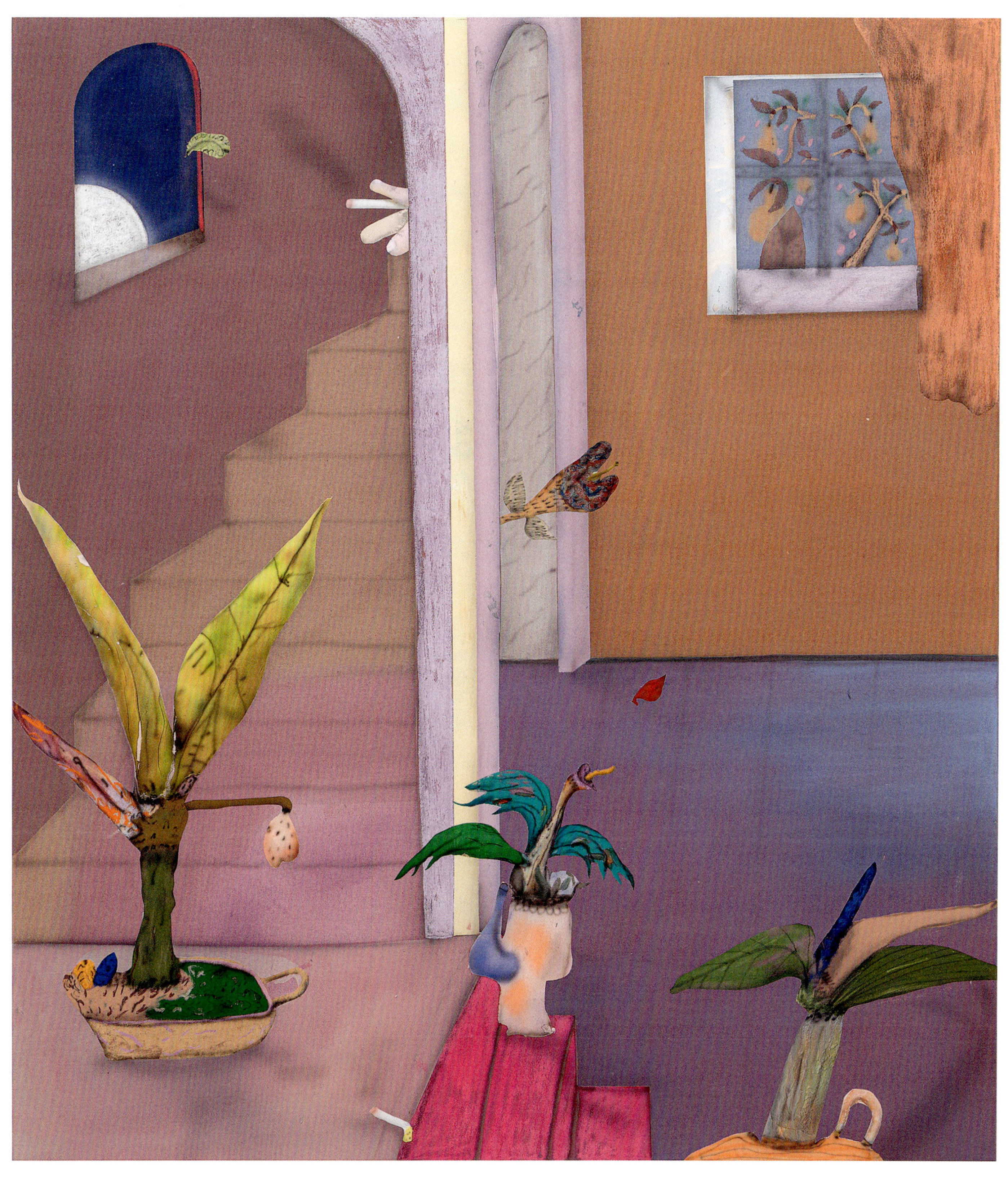

Nightout, 2020

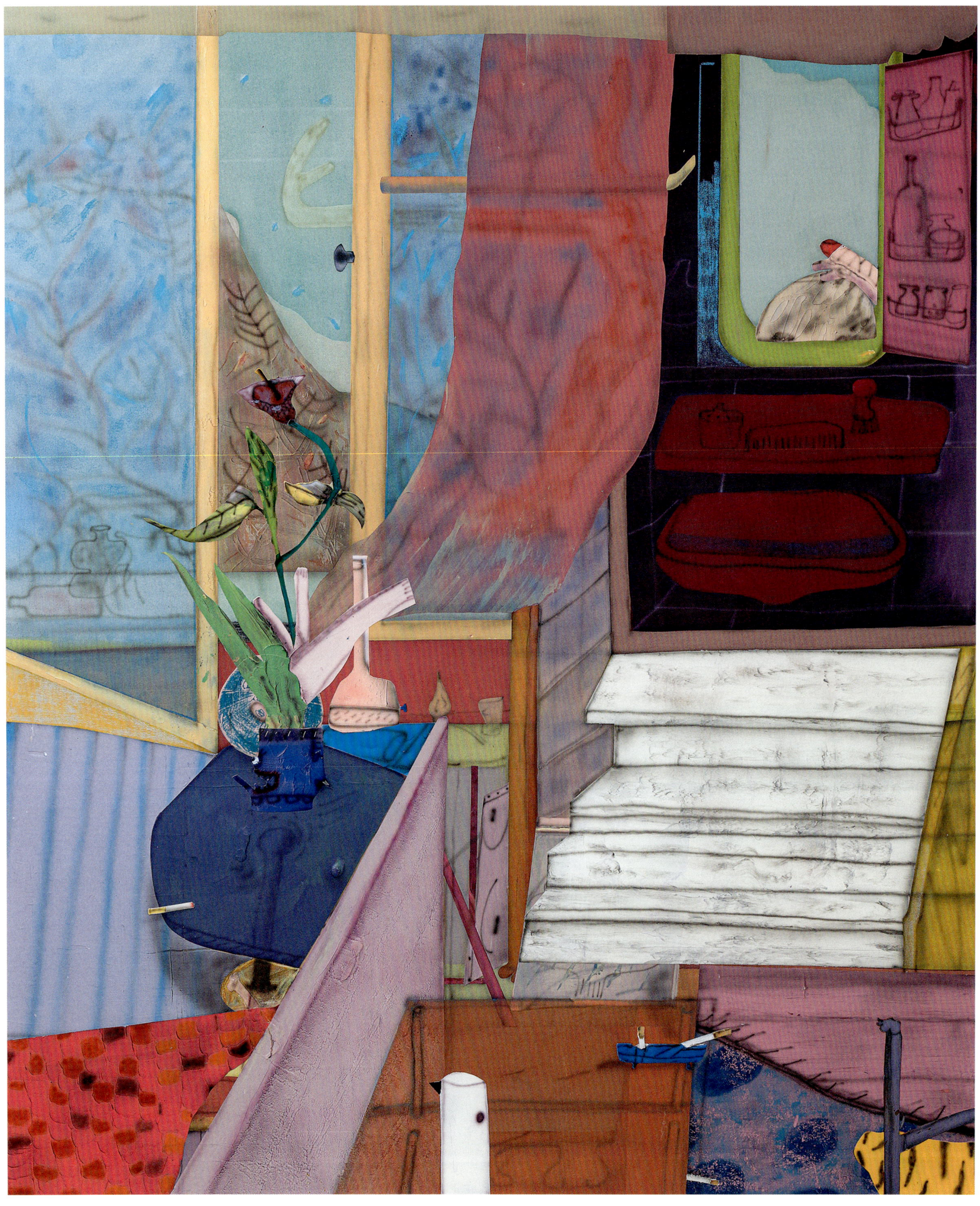

Outside The Window, 2020

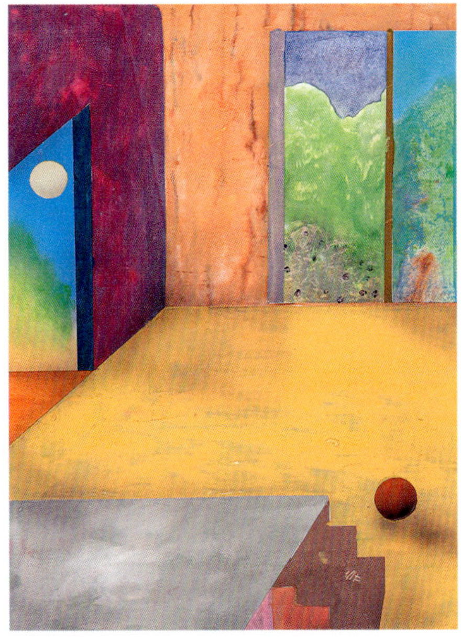
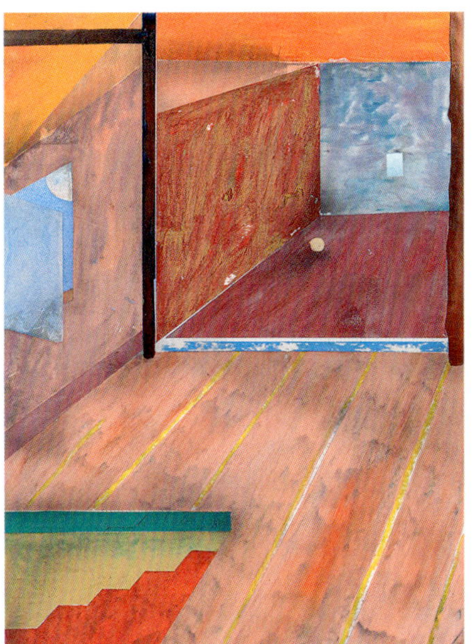
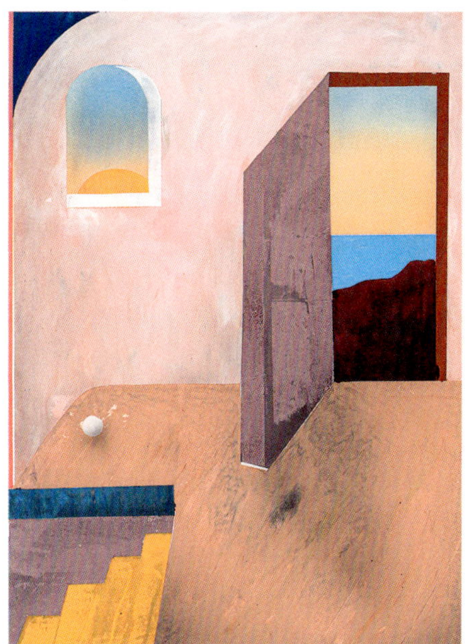
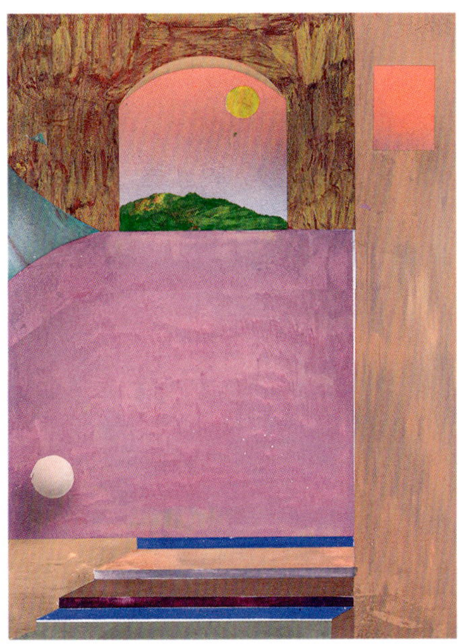
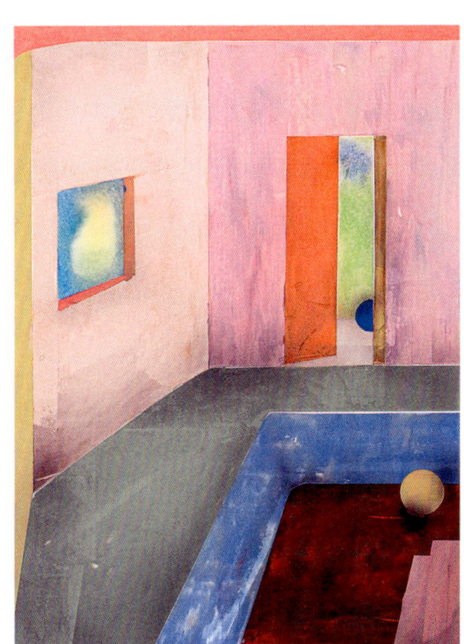
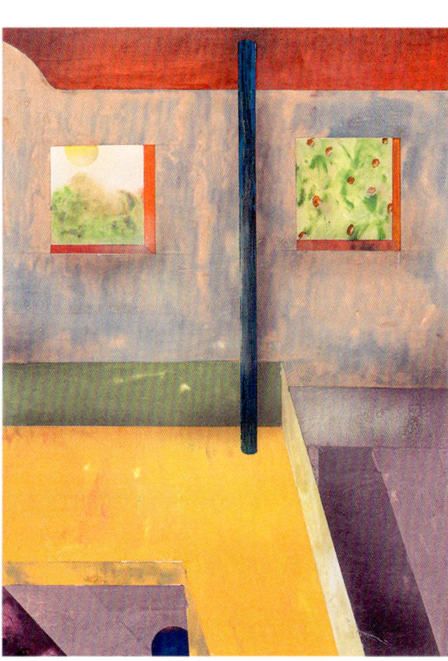

aus der Serie / from the series *Dream Homes*, 2020–21

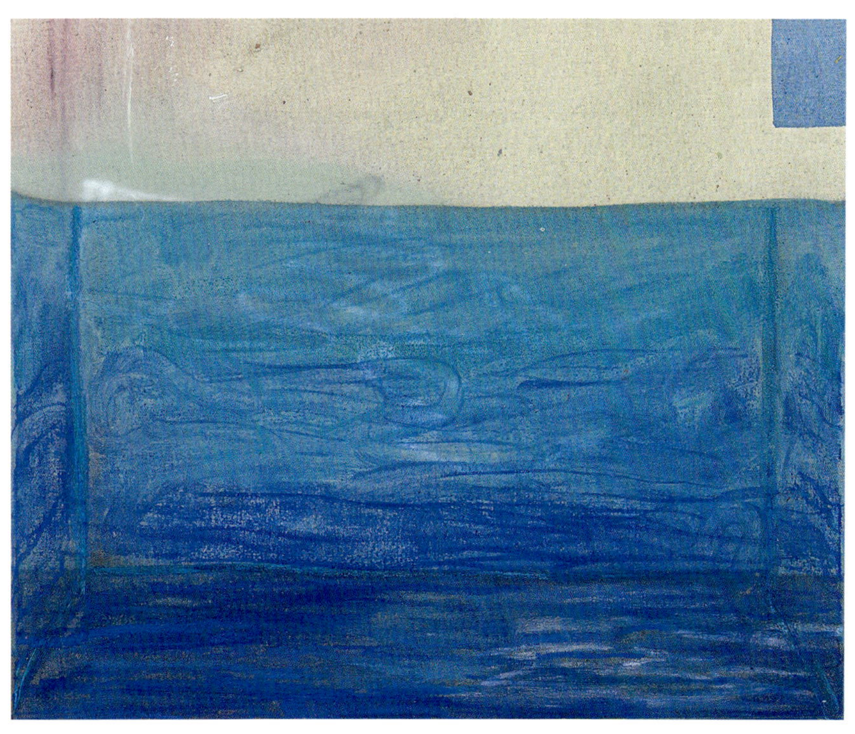

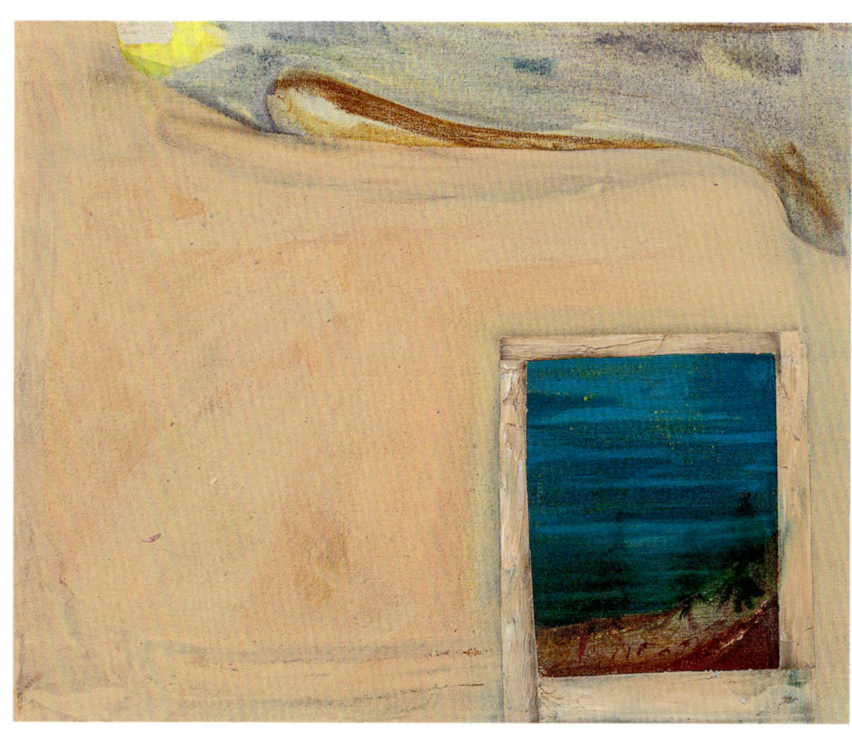

aus der Serie / from the series *Untitled (From My Room)*, 2021

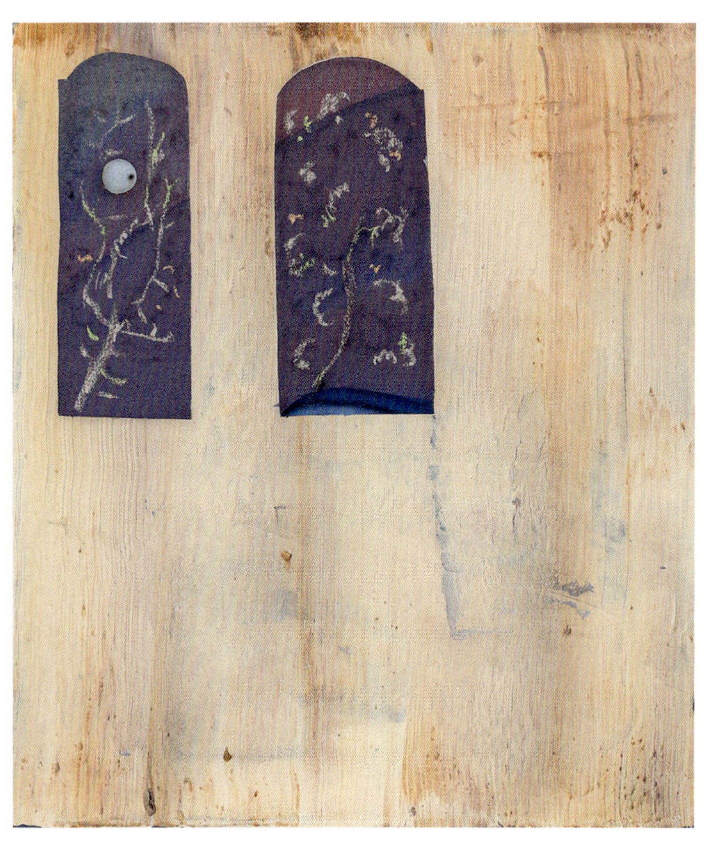

Watching, 2020

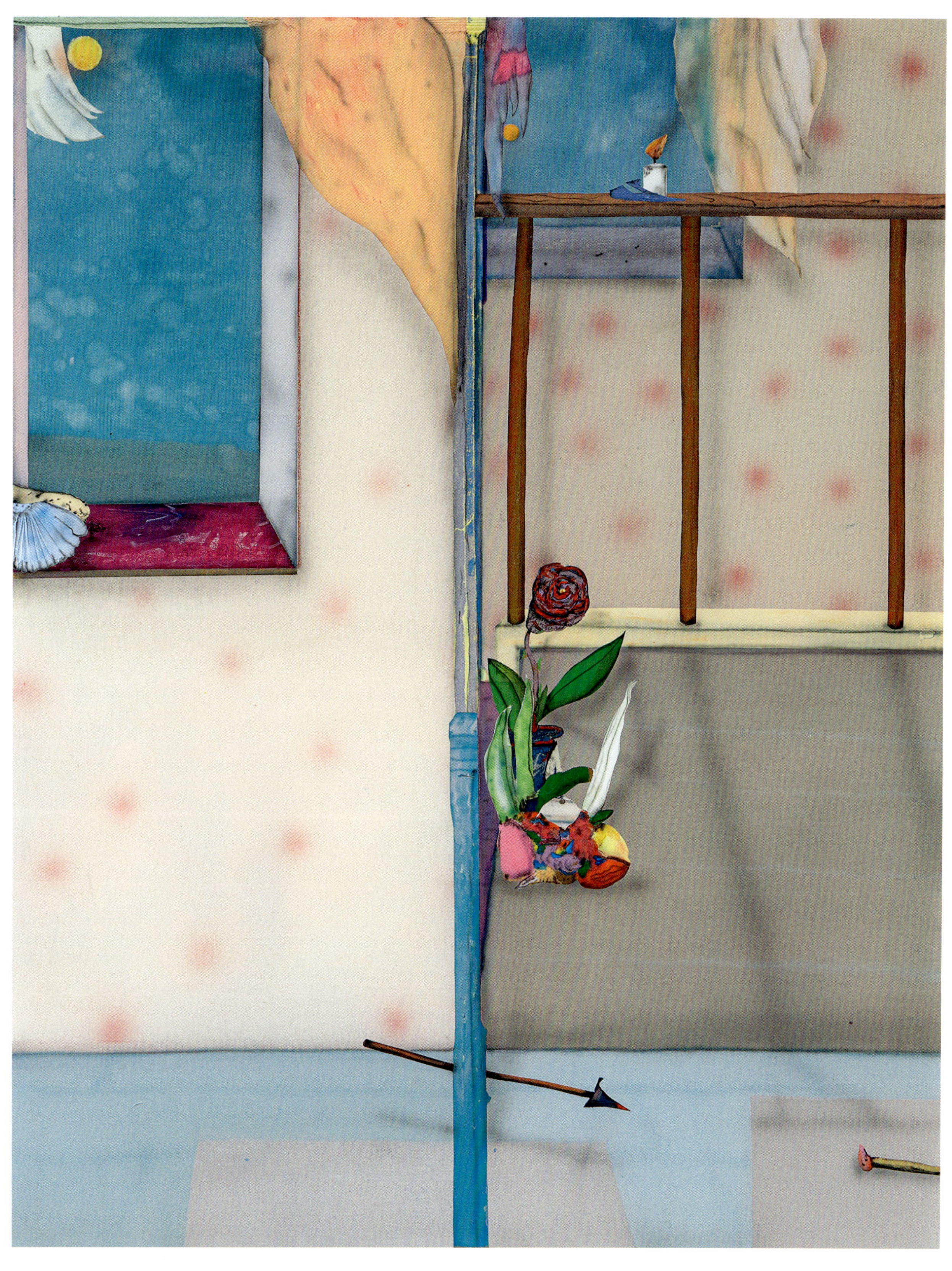

Same Here #3, 2021

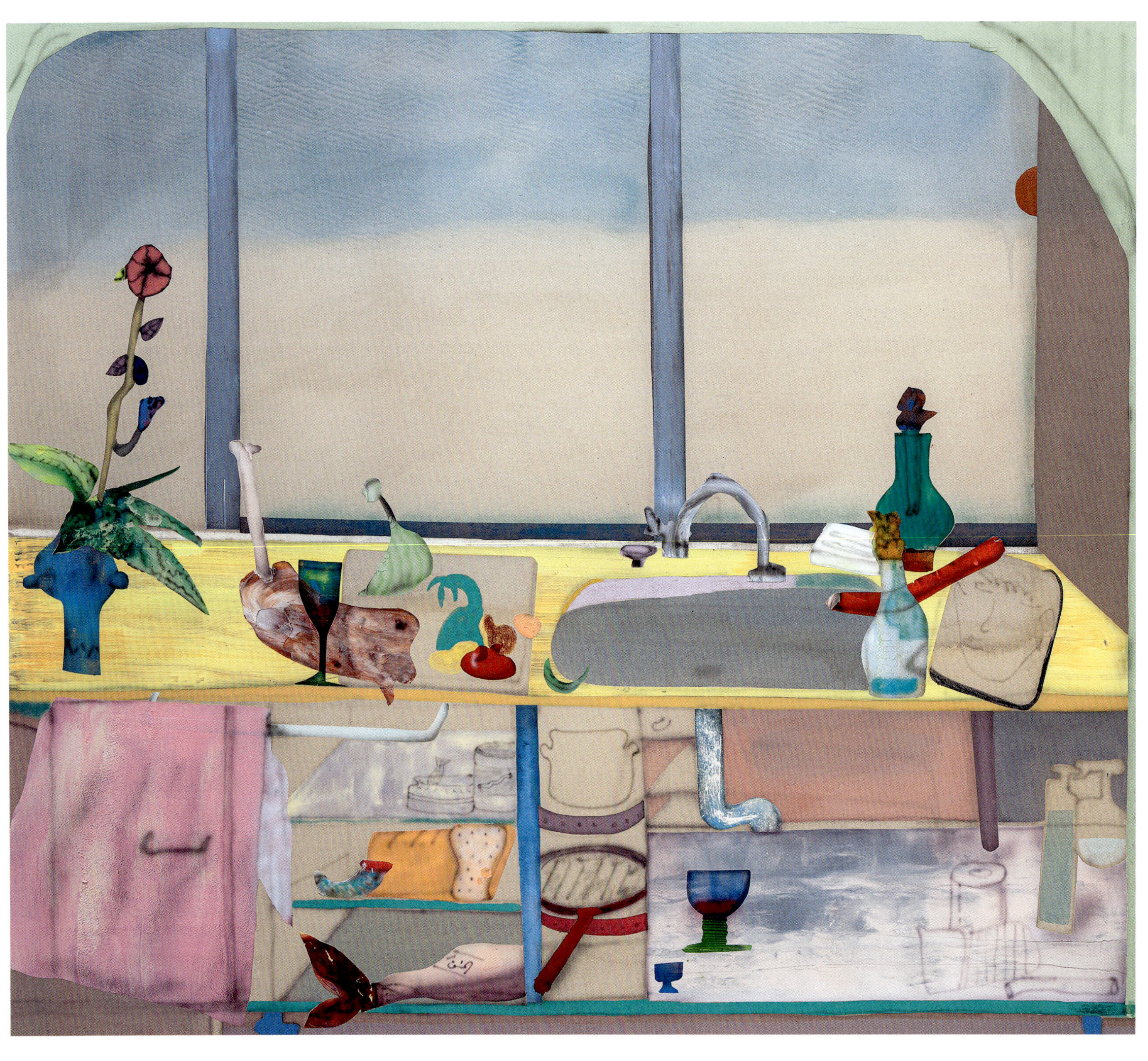

Calling, 2020

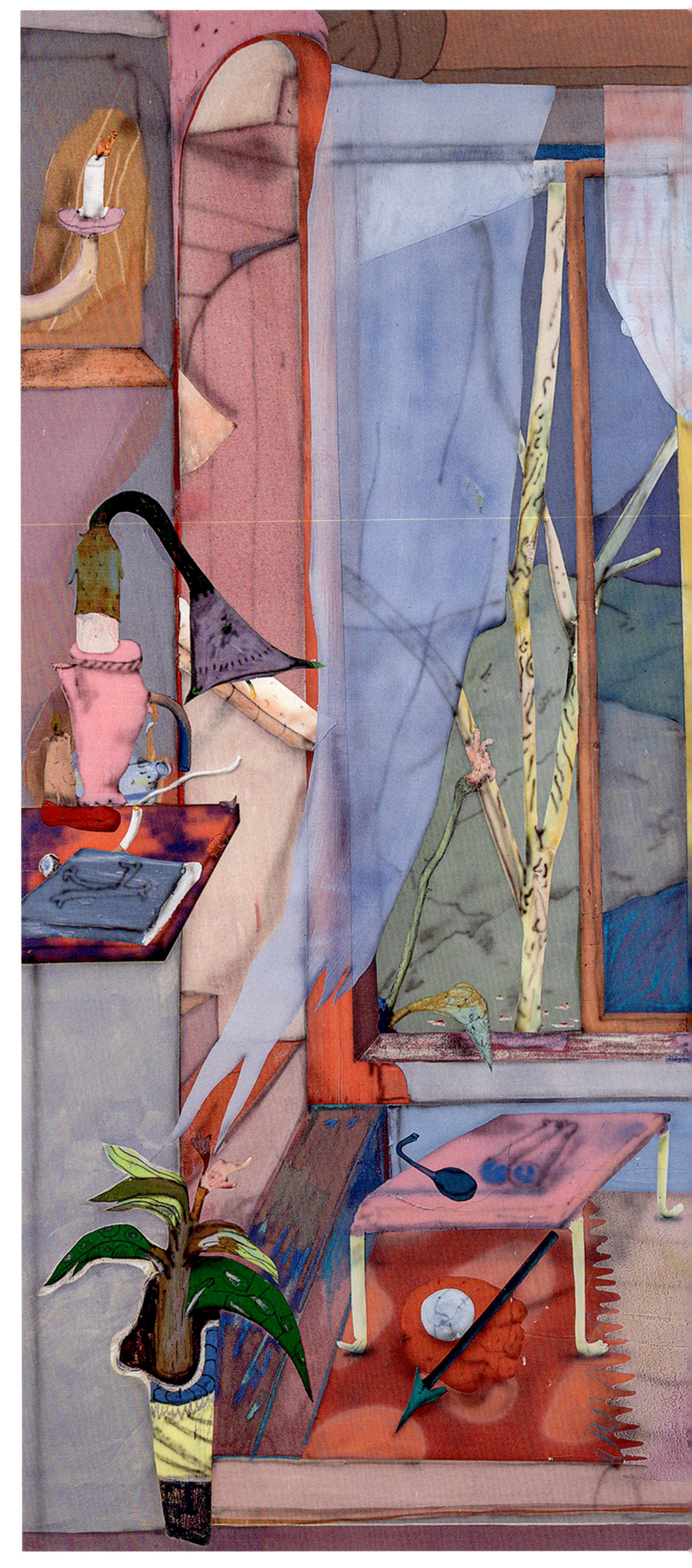

Flat, 2021

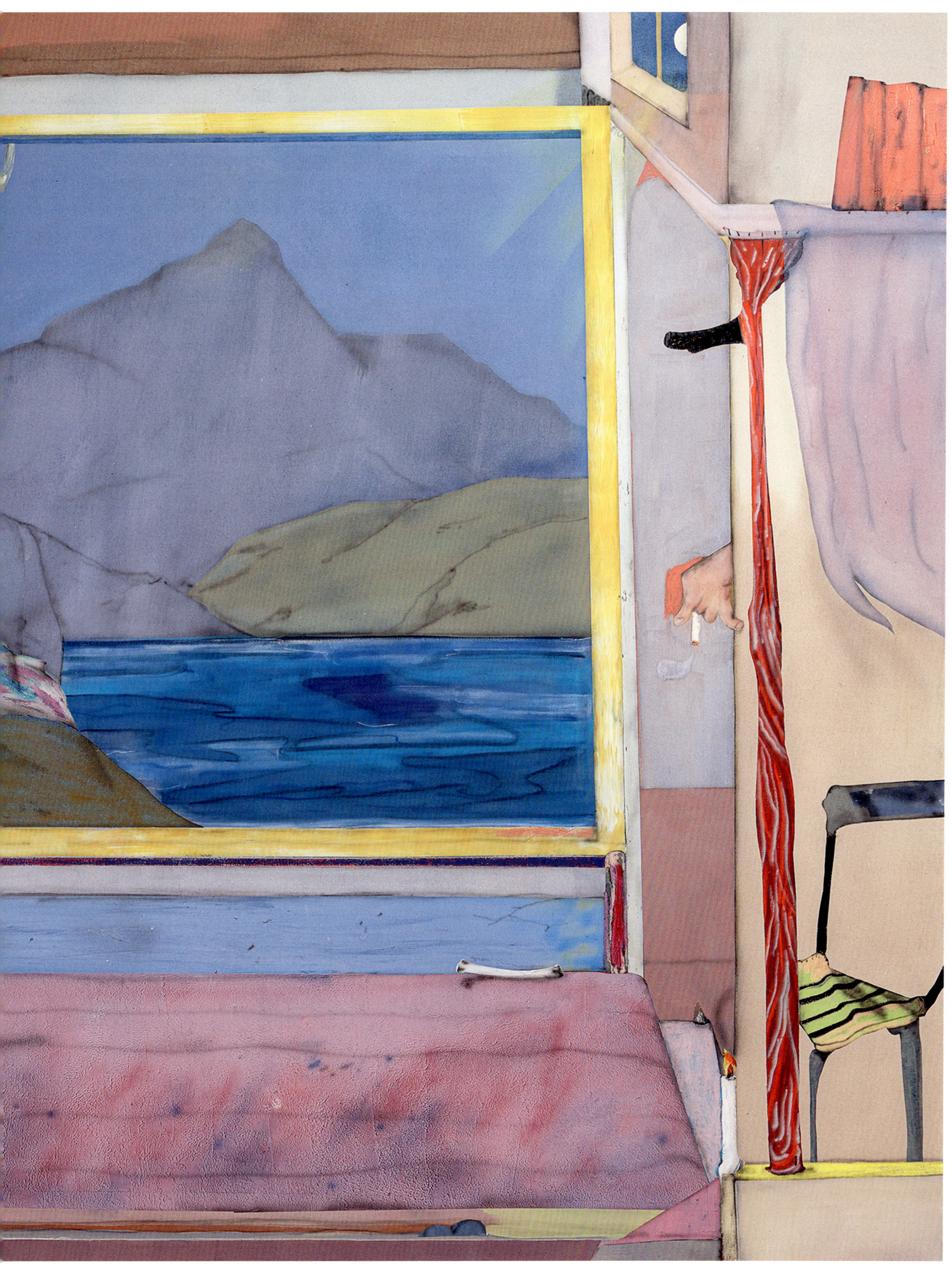

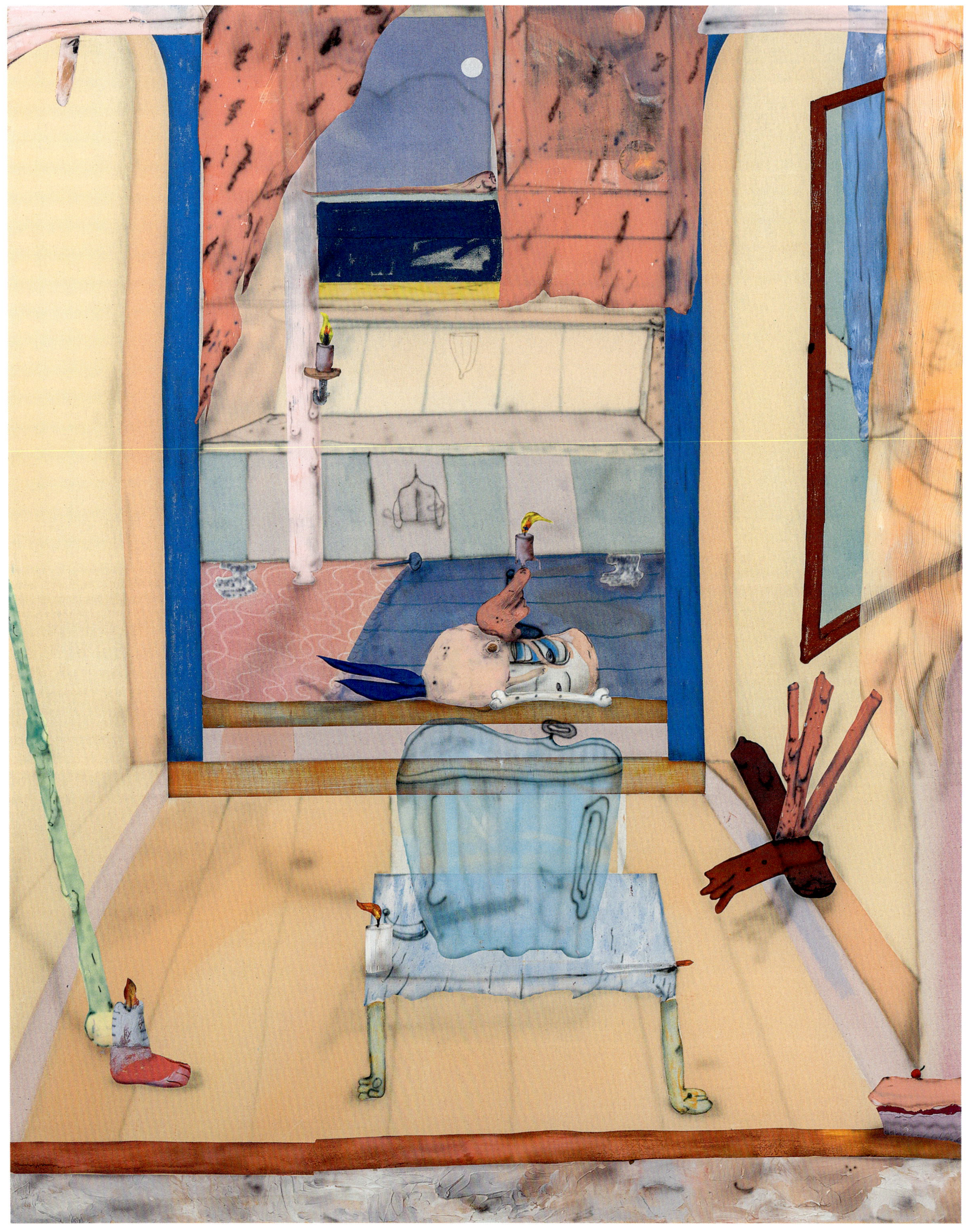

Take A Rest Lucy, 2021

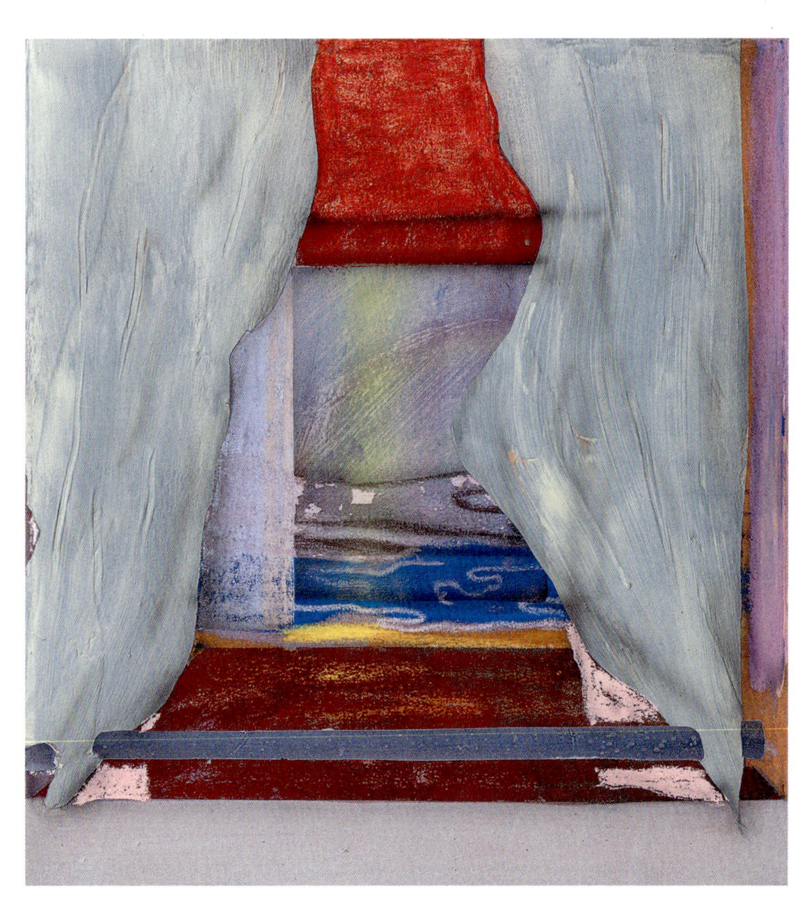

Ray, 2020

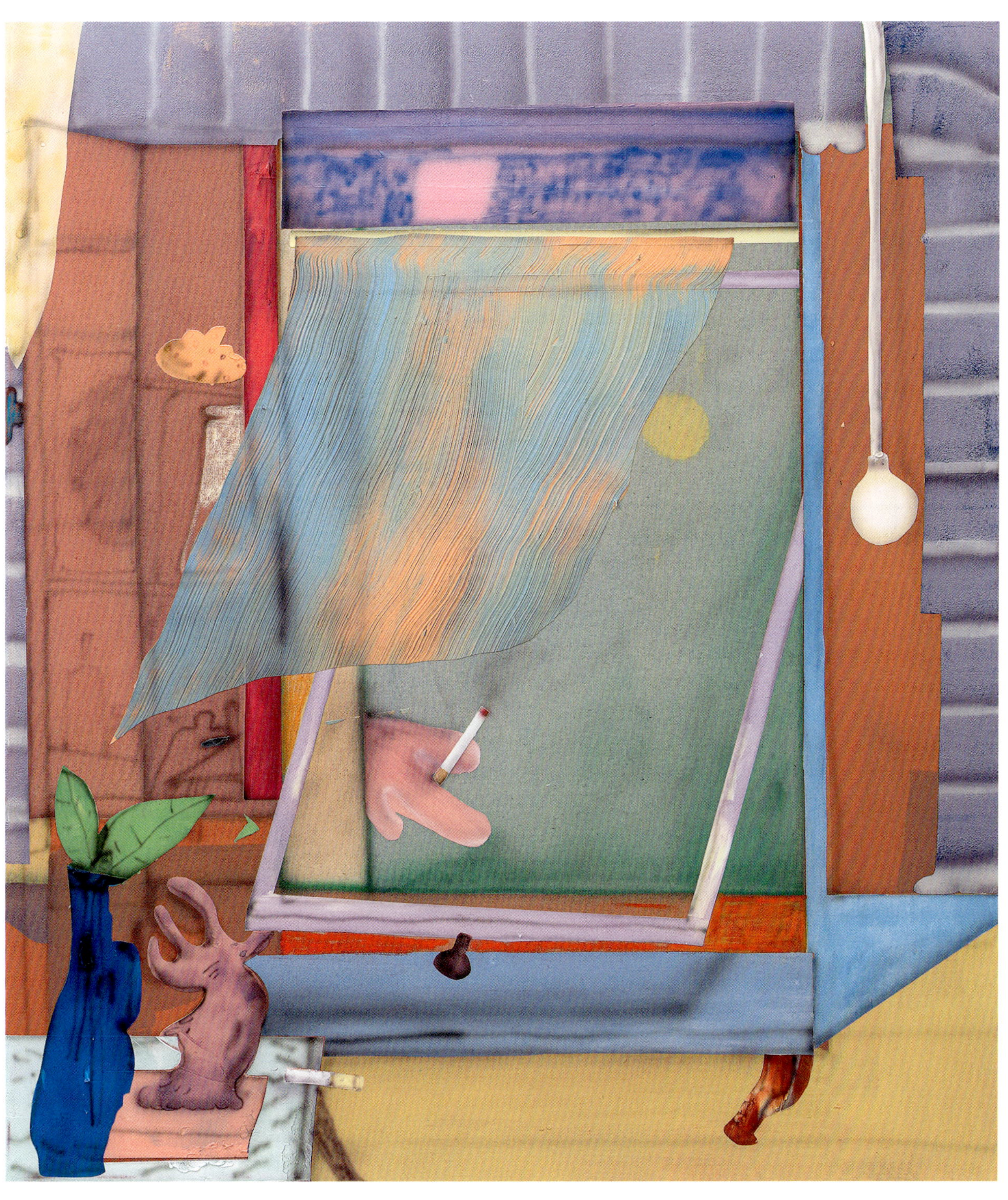

Sudden Craving, 2020

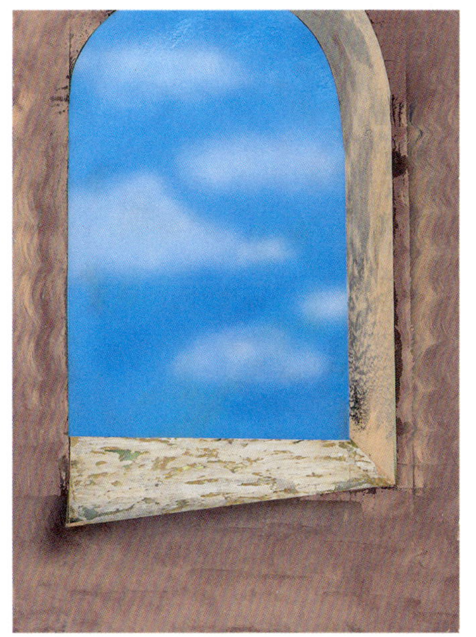
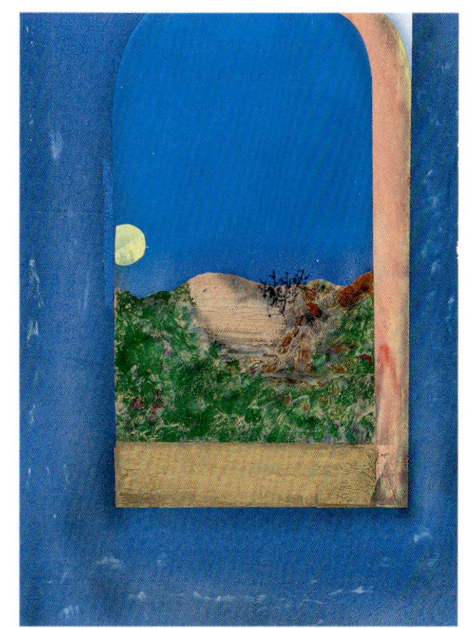
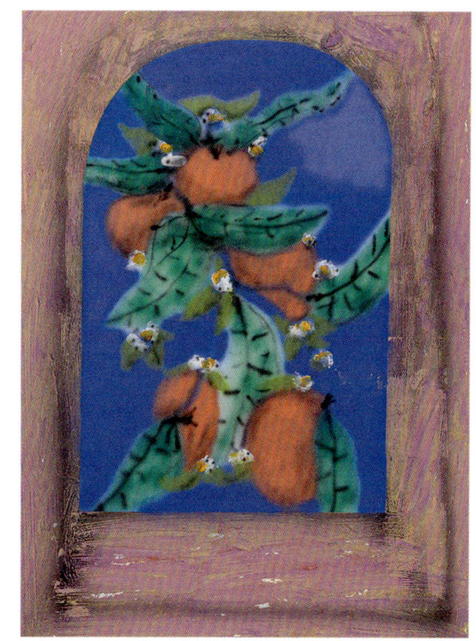
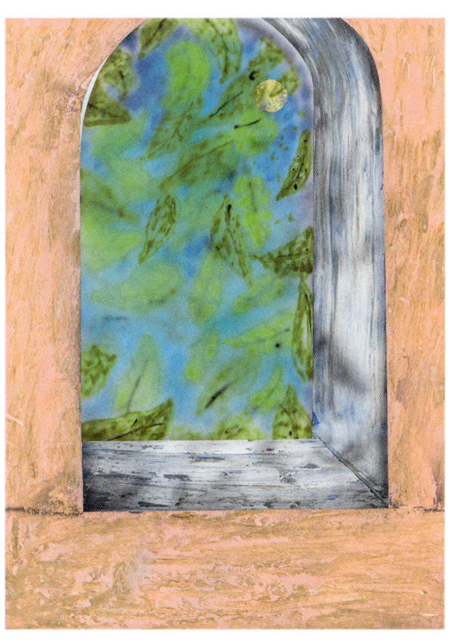
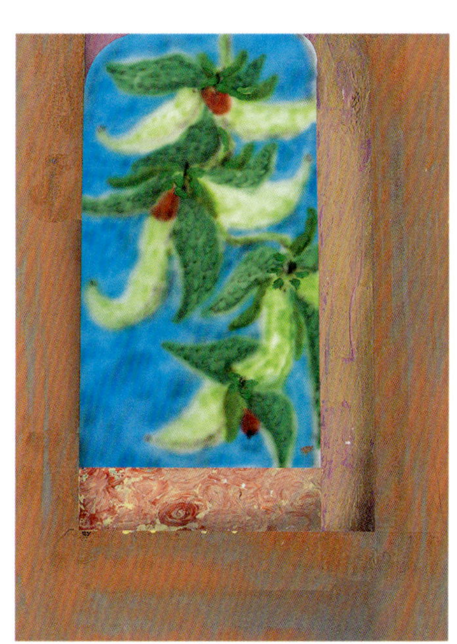
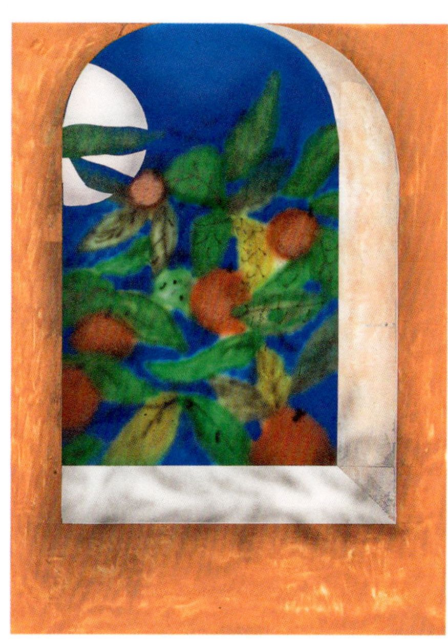

aus der Serie / from the series *Plein Air*, 2021

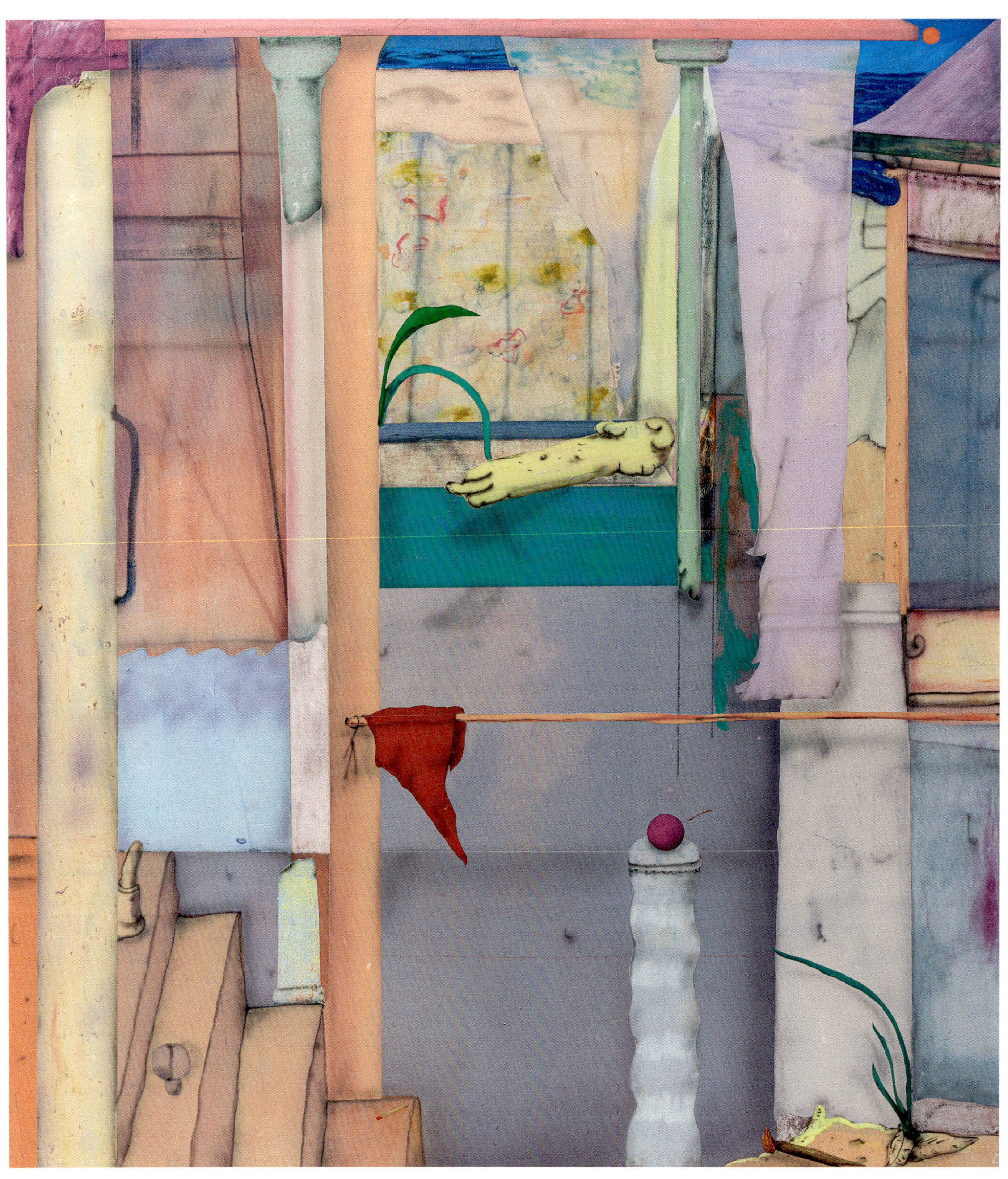

Outset, 2021

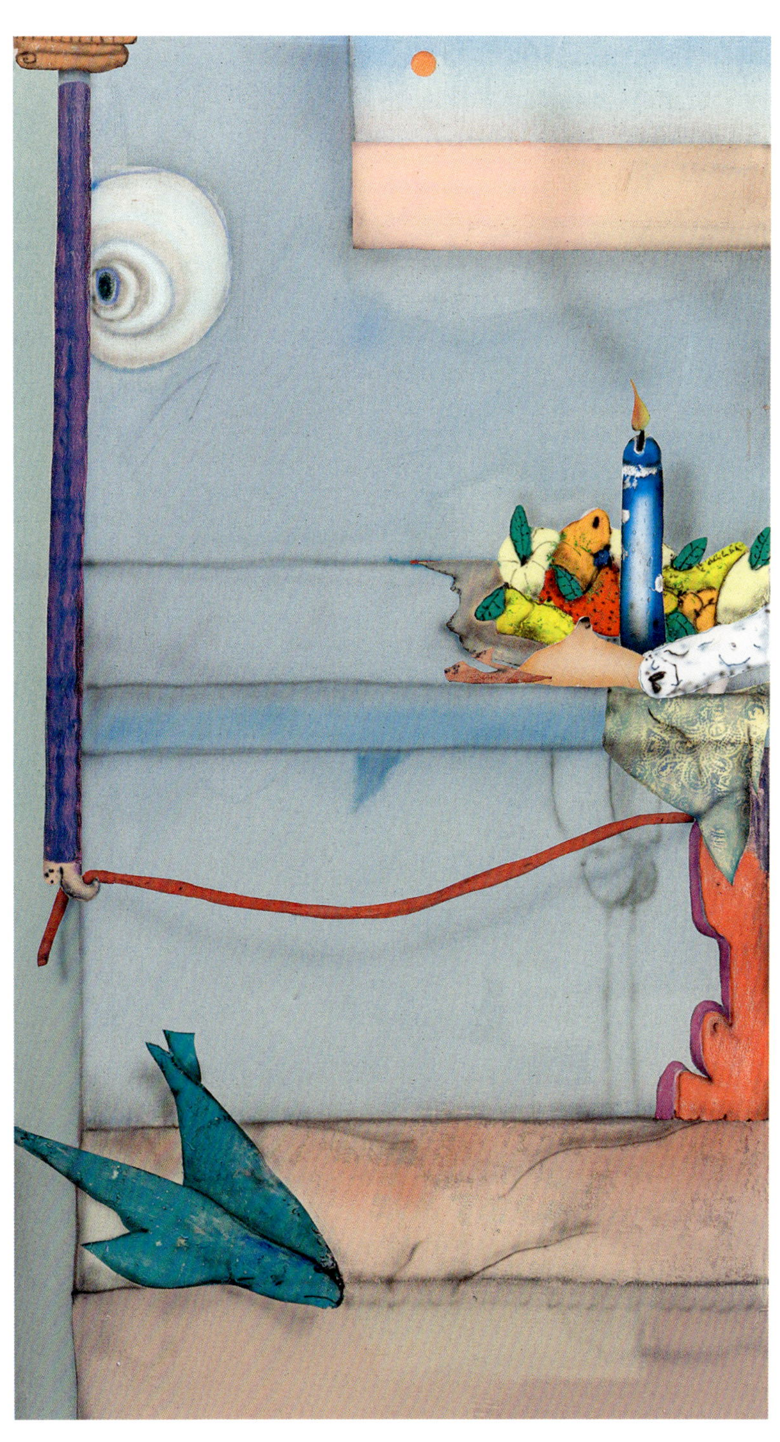

Things Last A Long Time, 2021

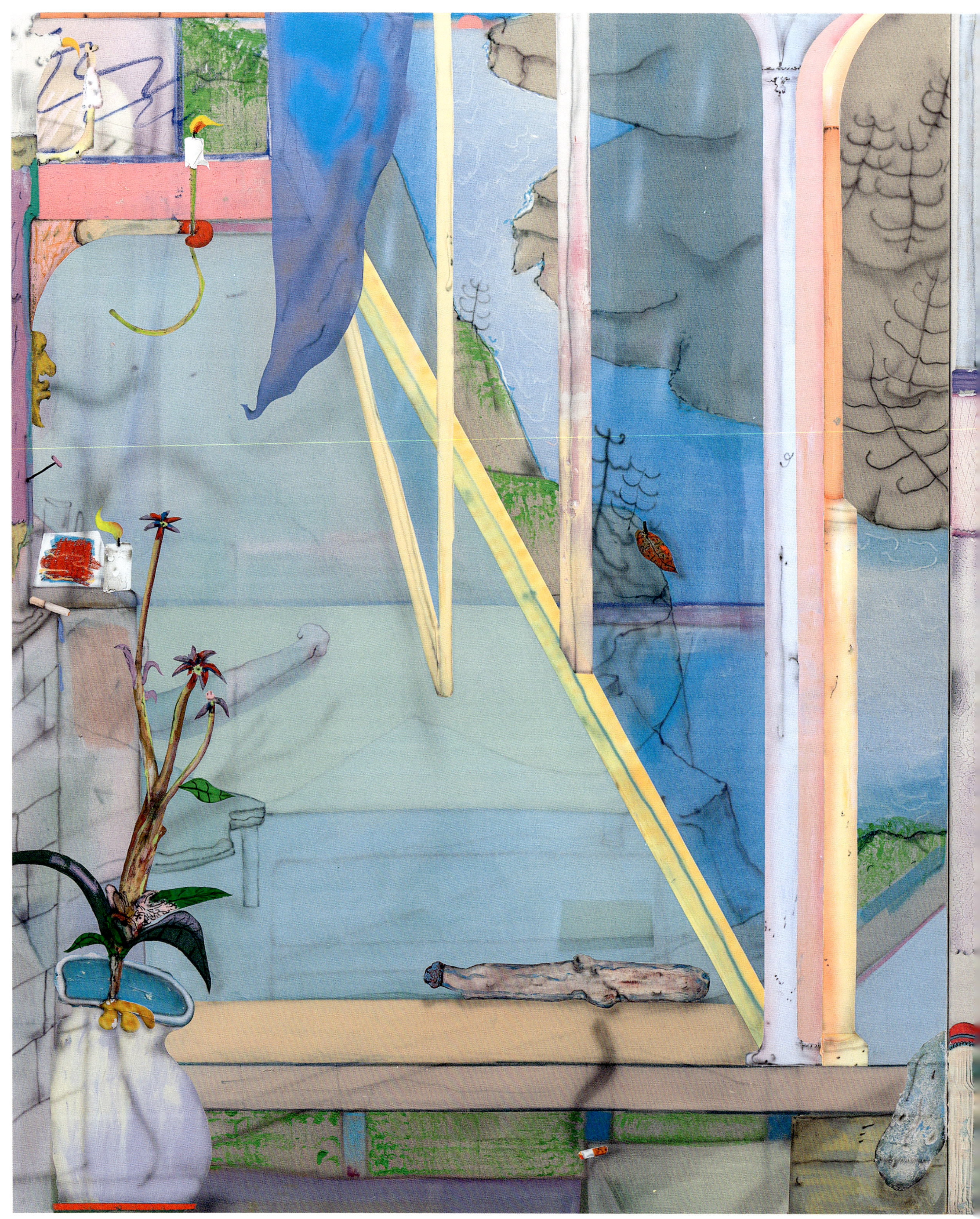

Penthouse Perfection, 2021

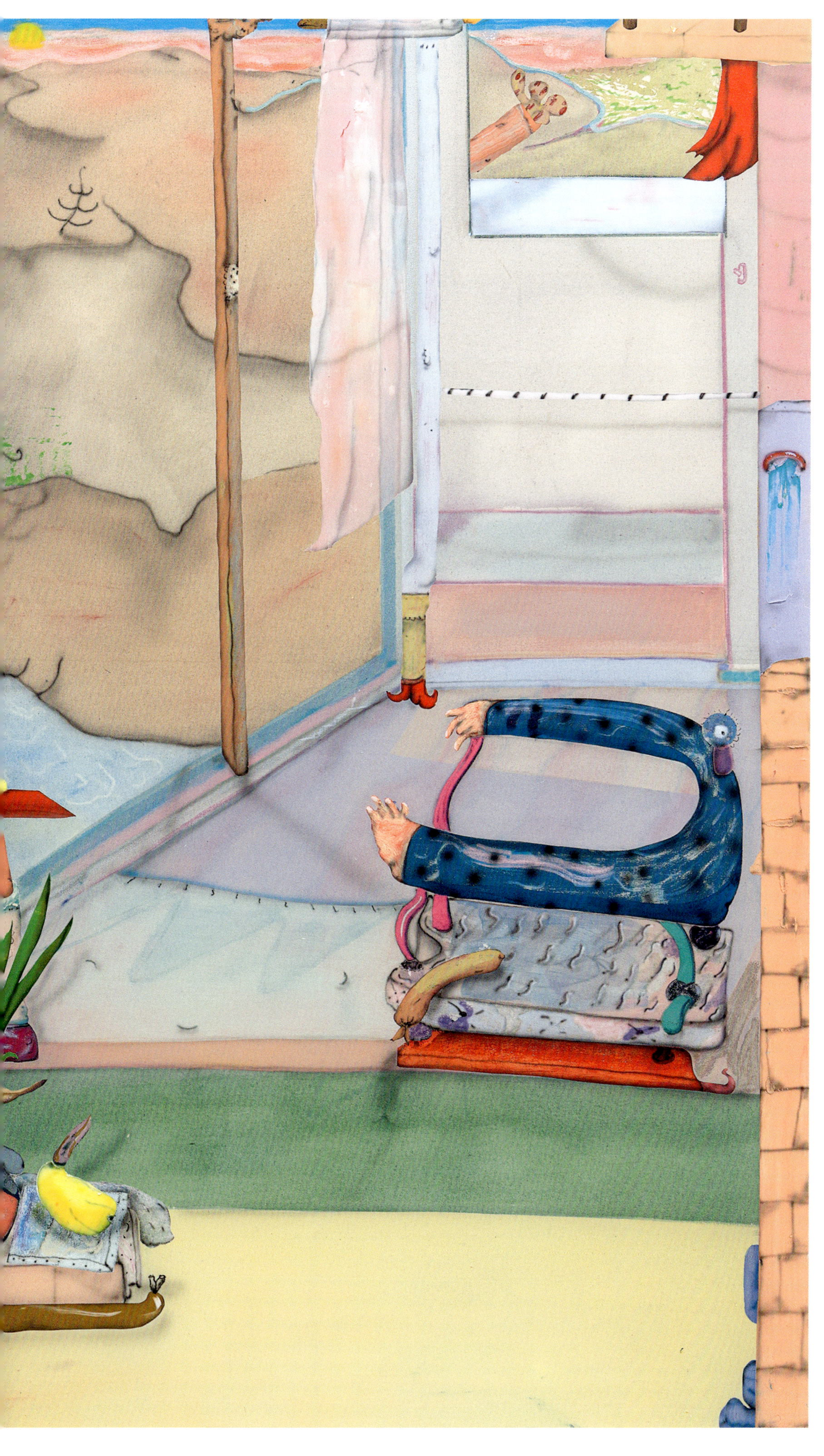

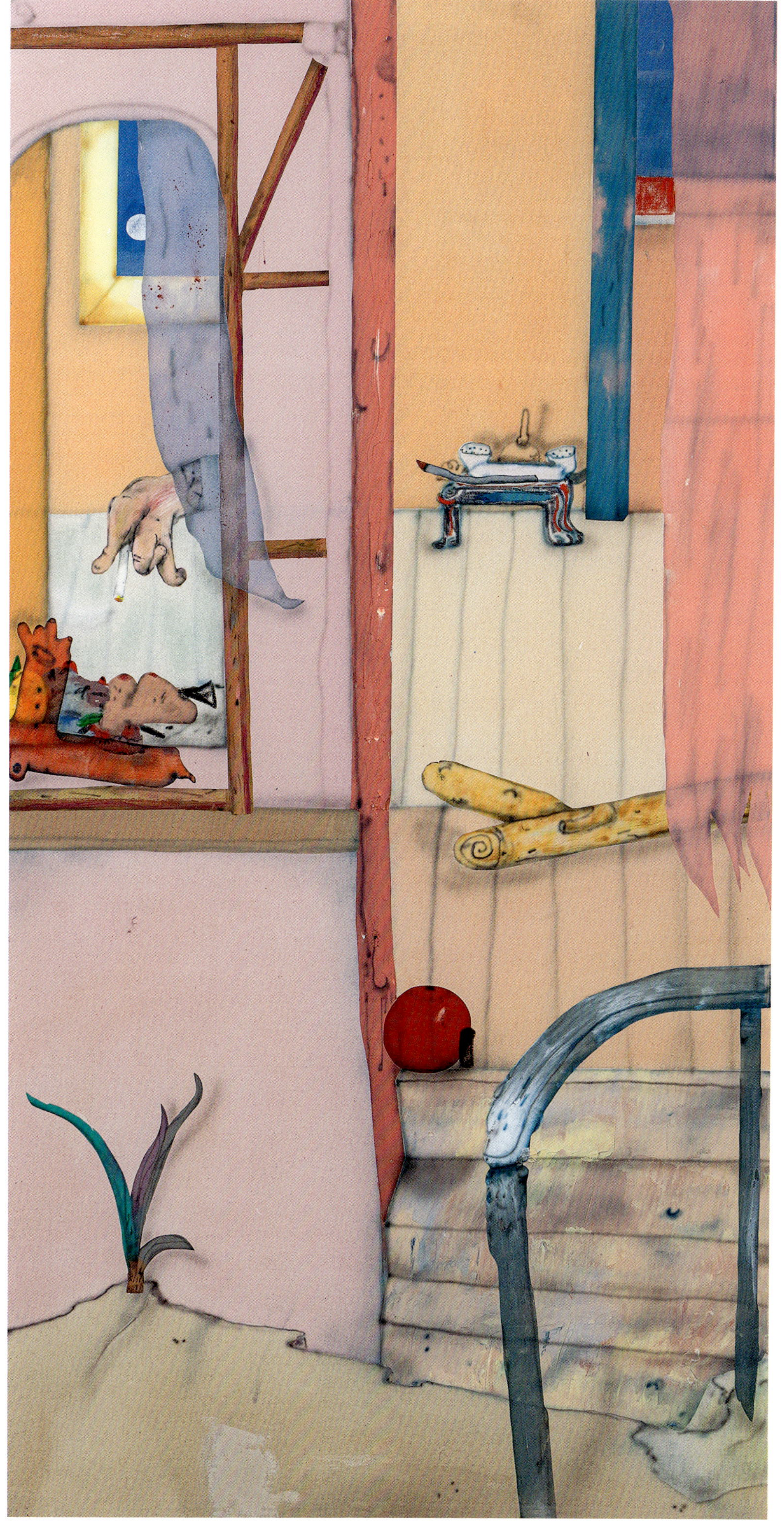

Over White Knuckles, 2021

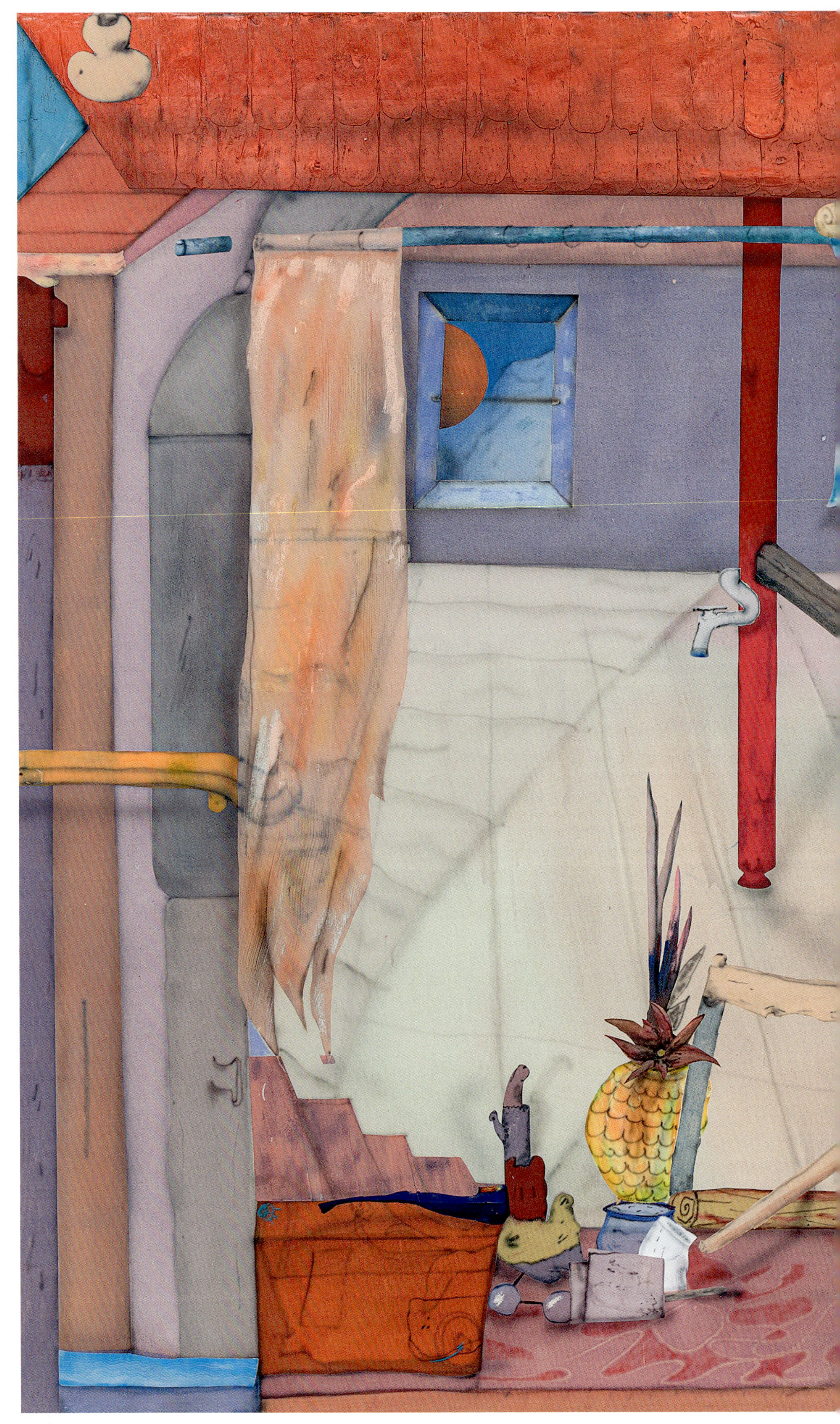

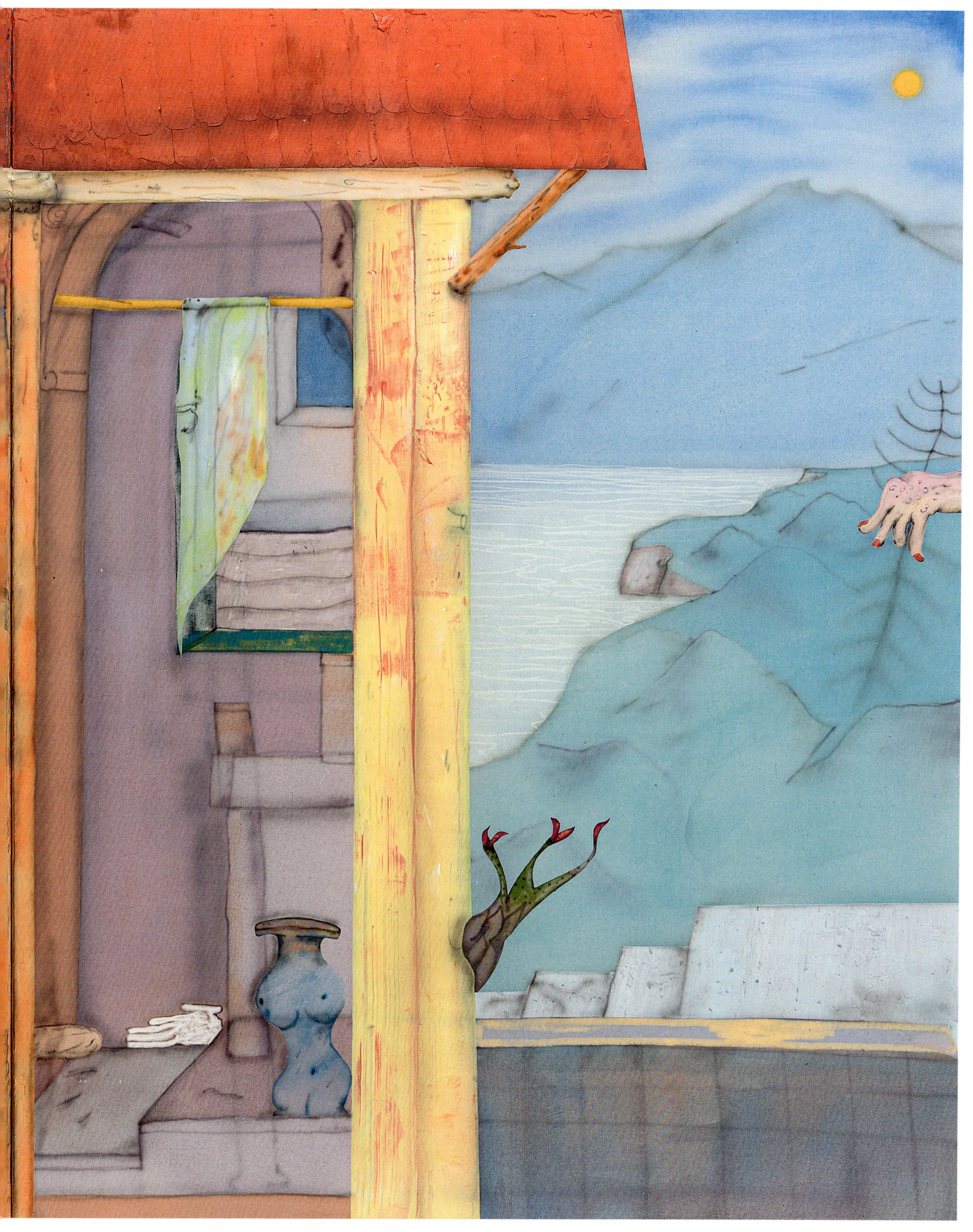

Lost Weekend, 2021

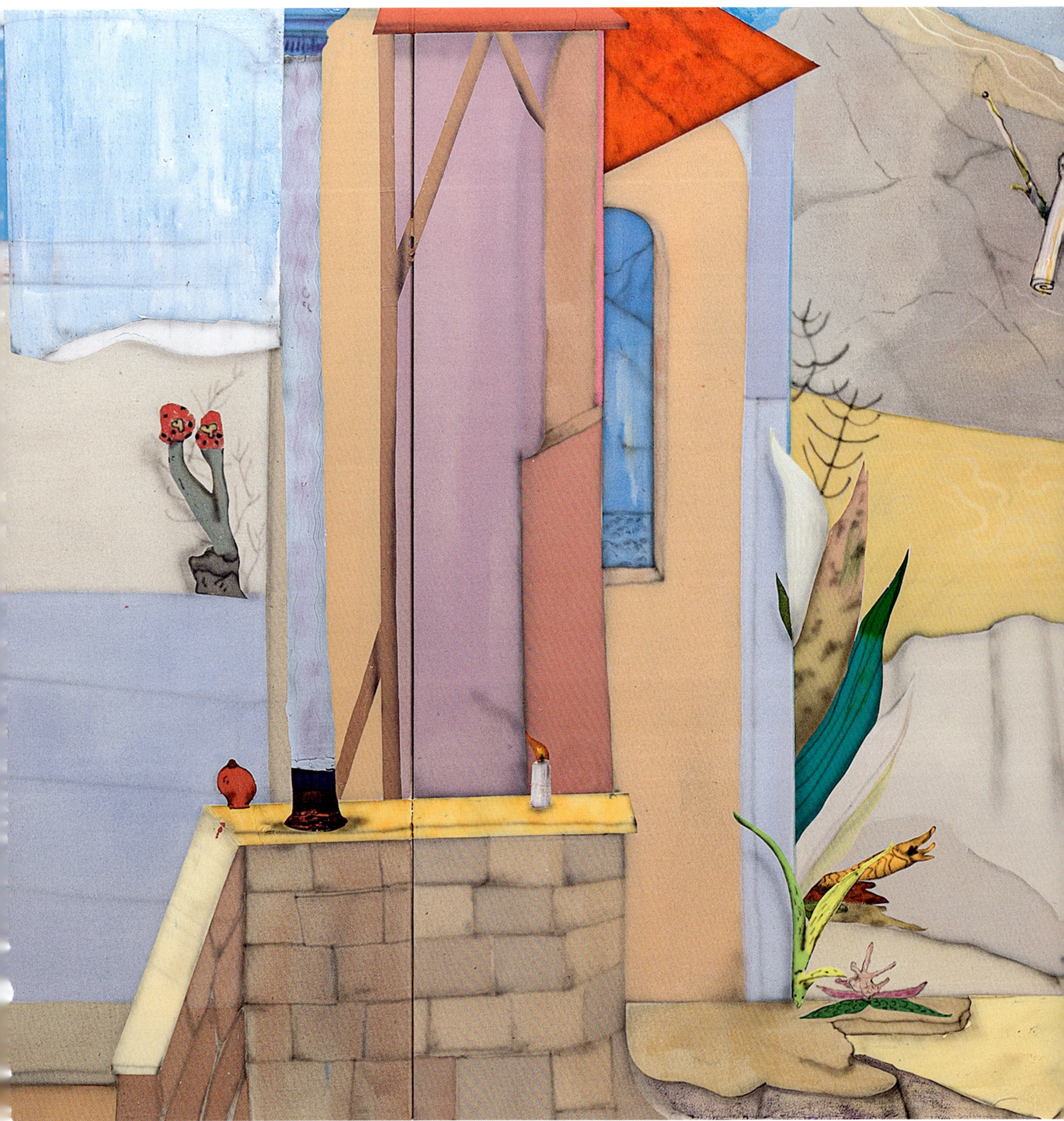

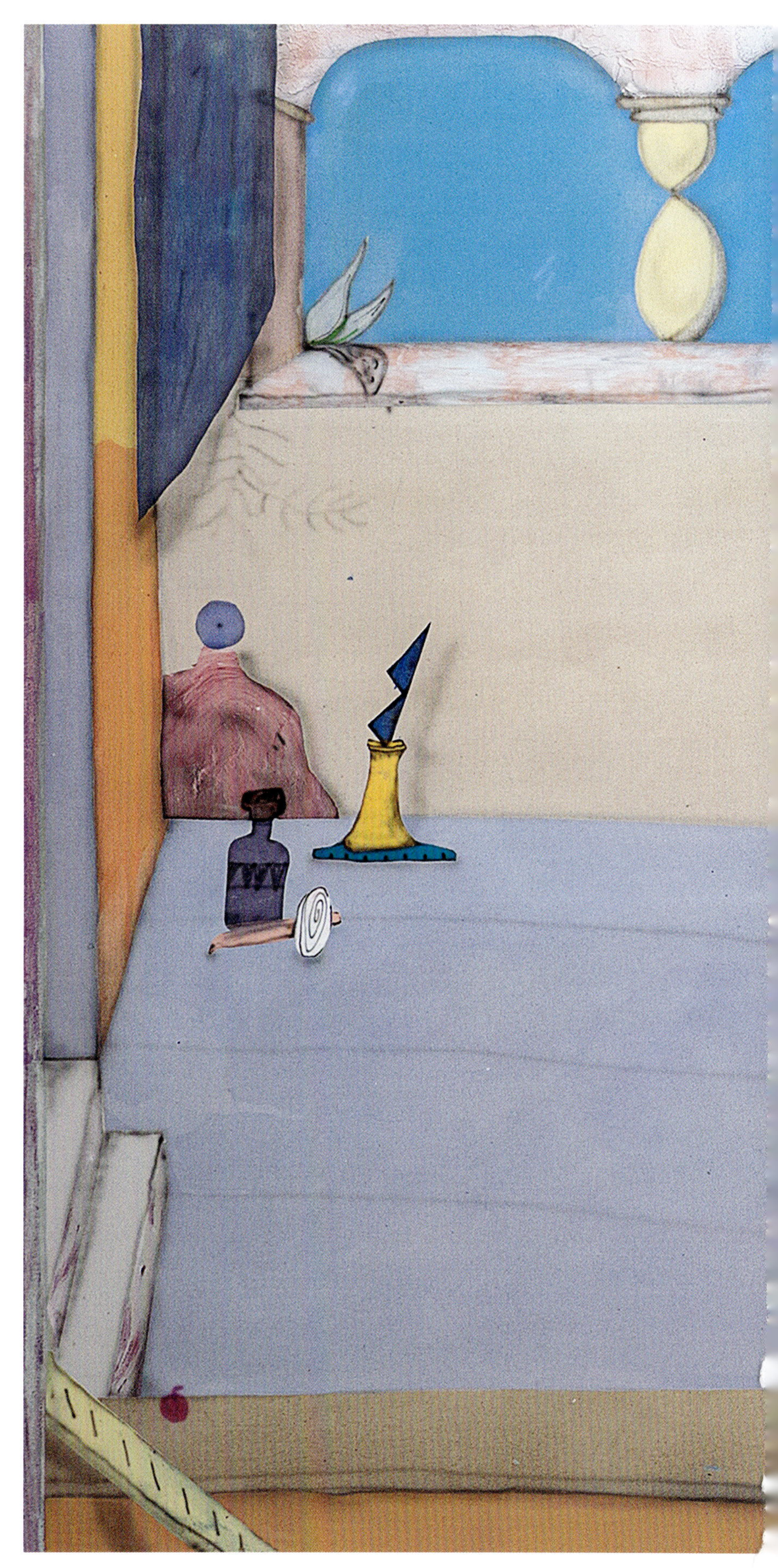

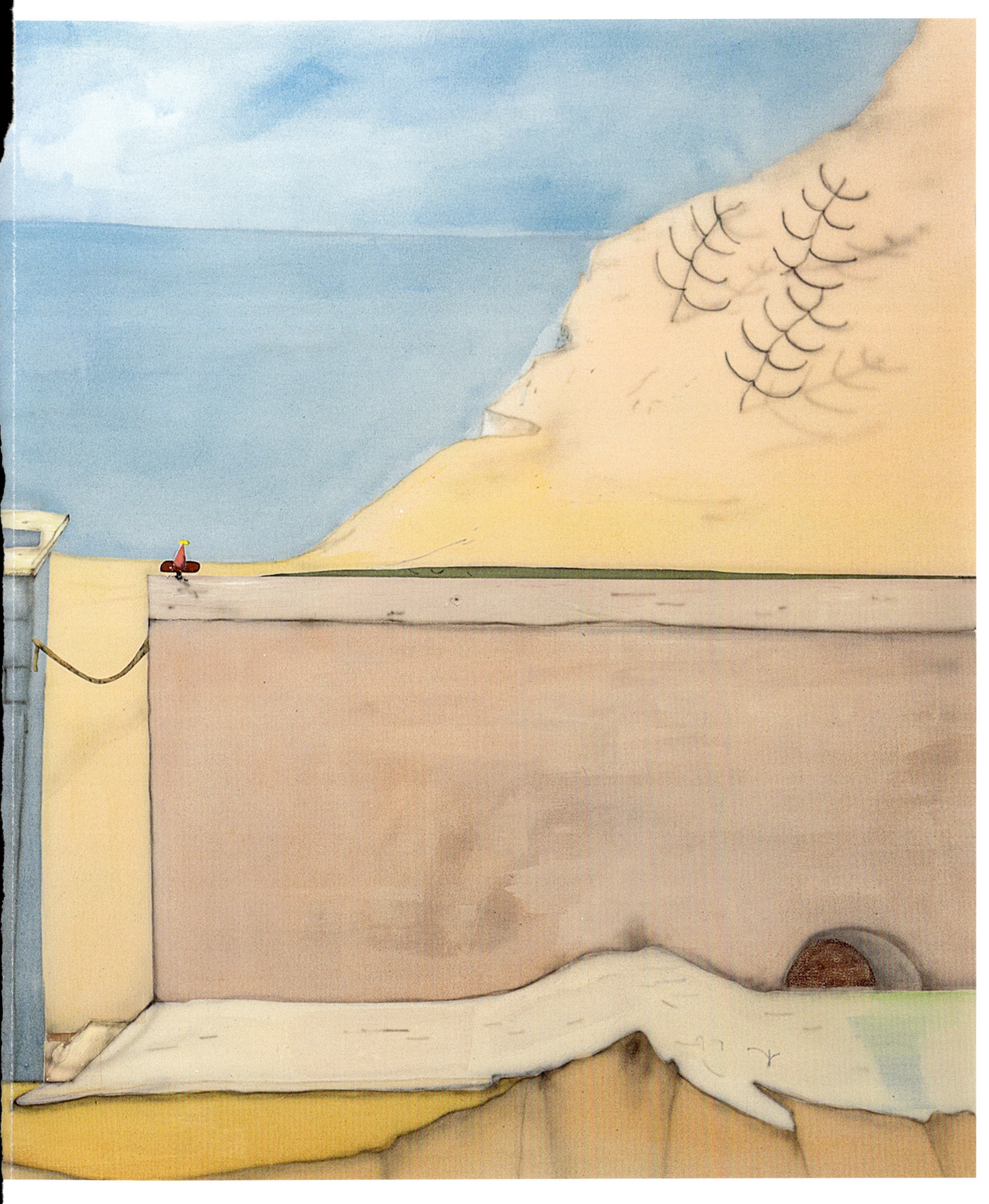

Sunrise Doesn't Last All Morning, 2020–21

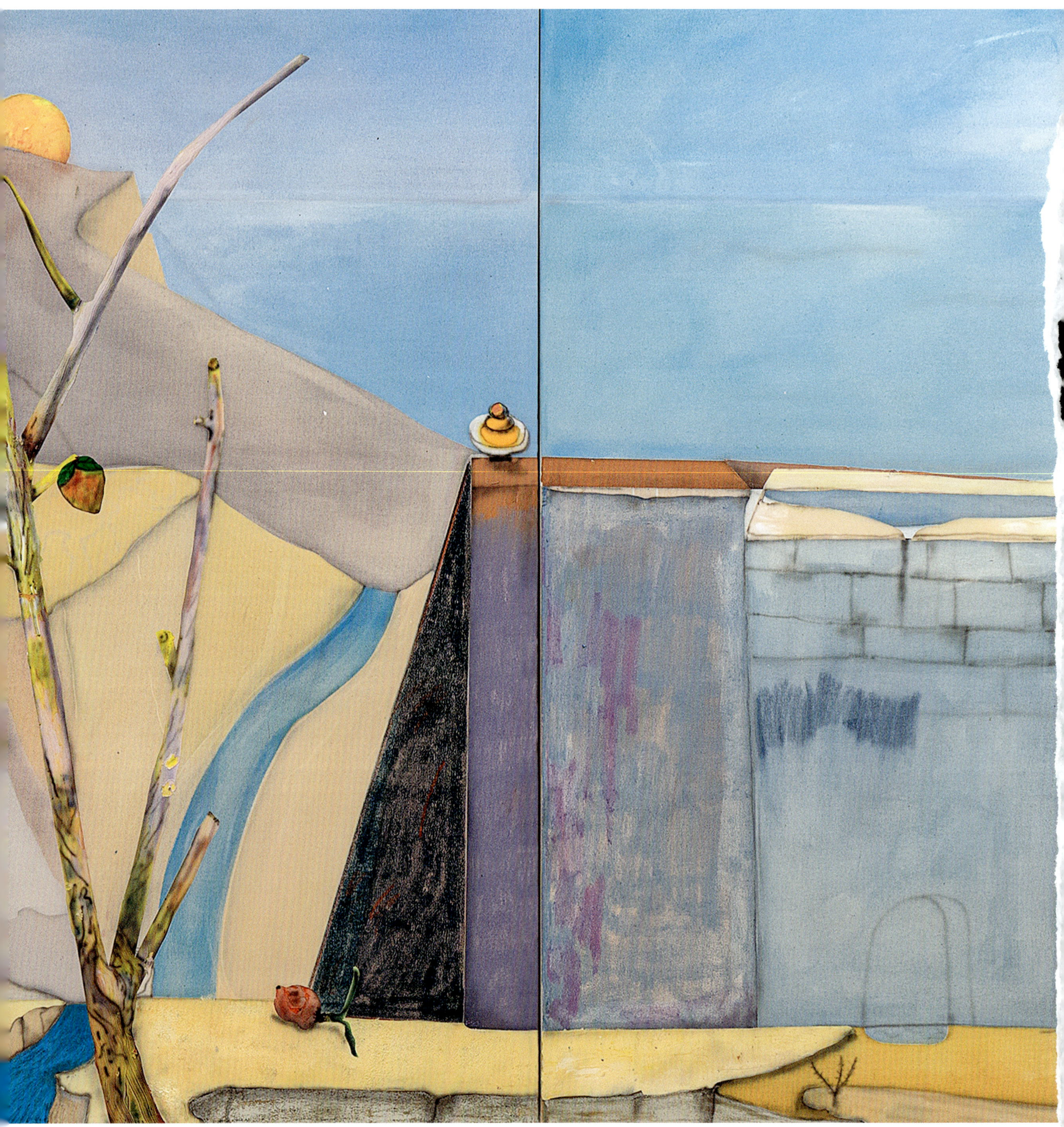

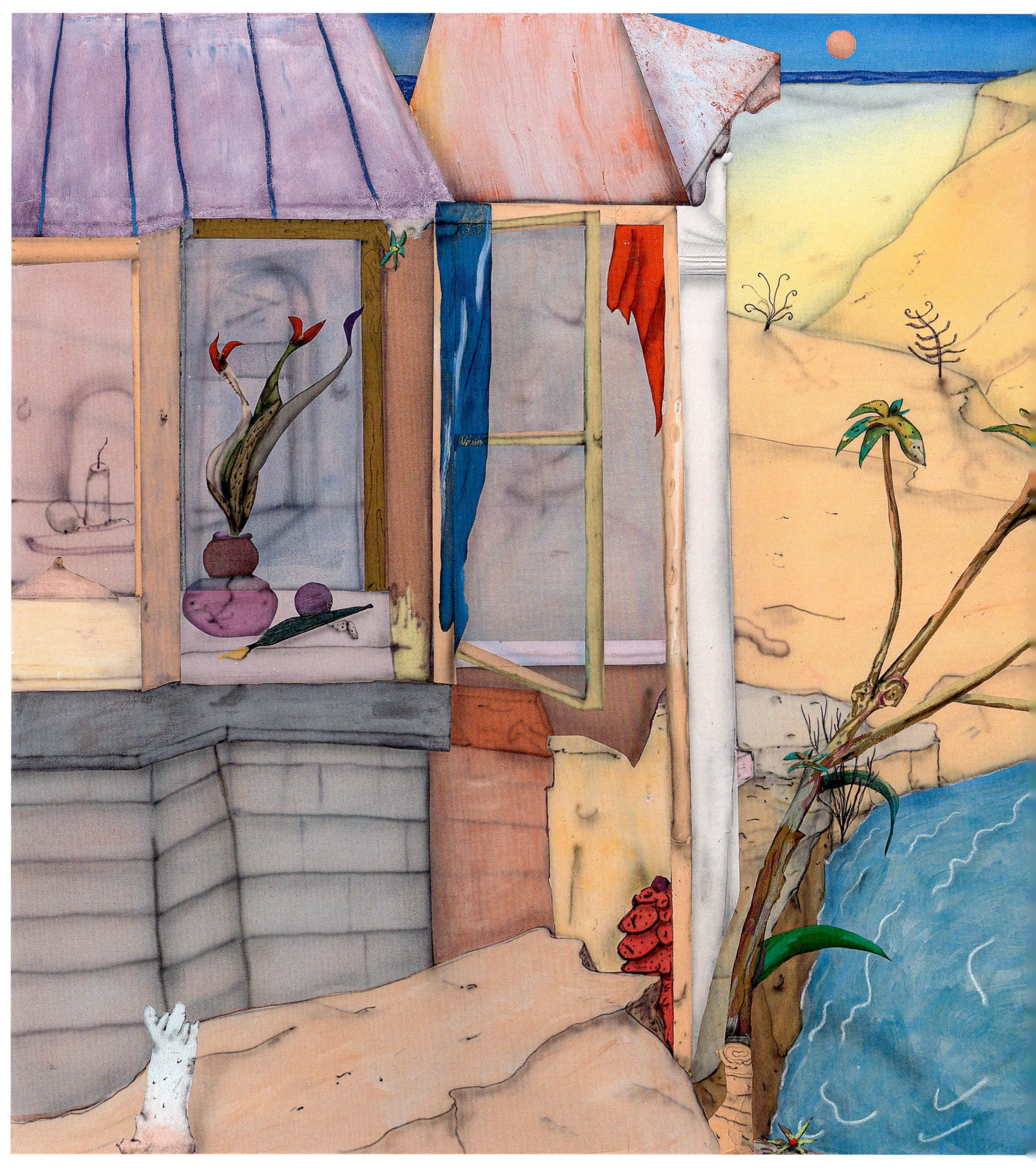

Where The Current Rushes By, 2021

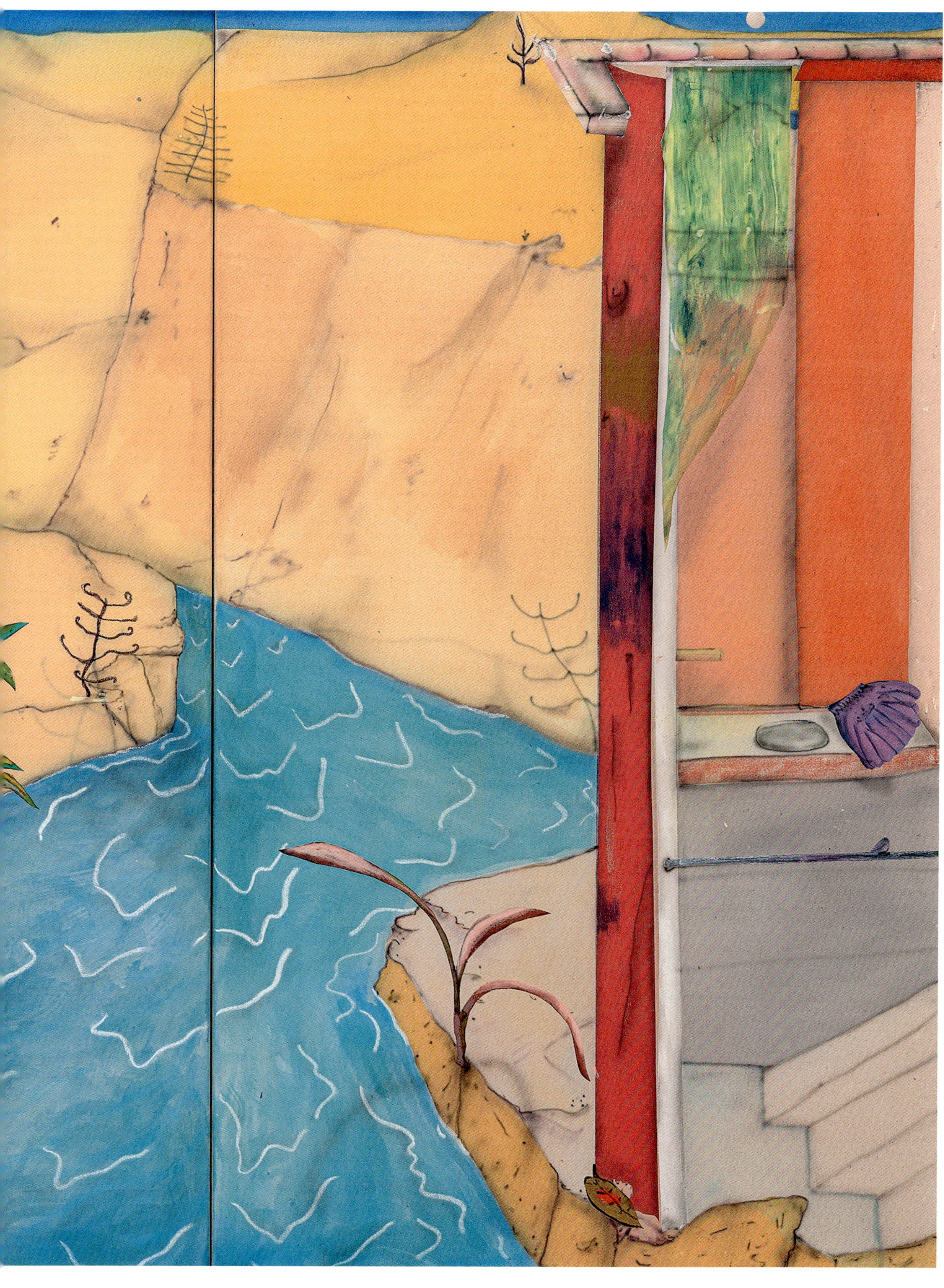

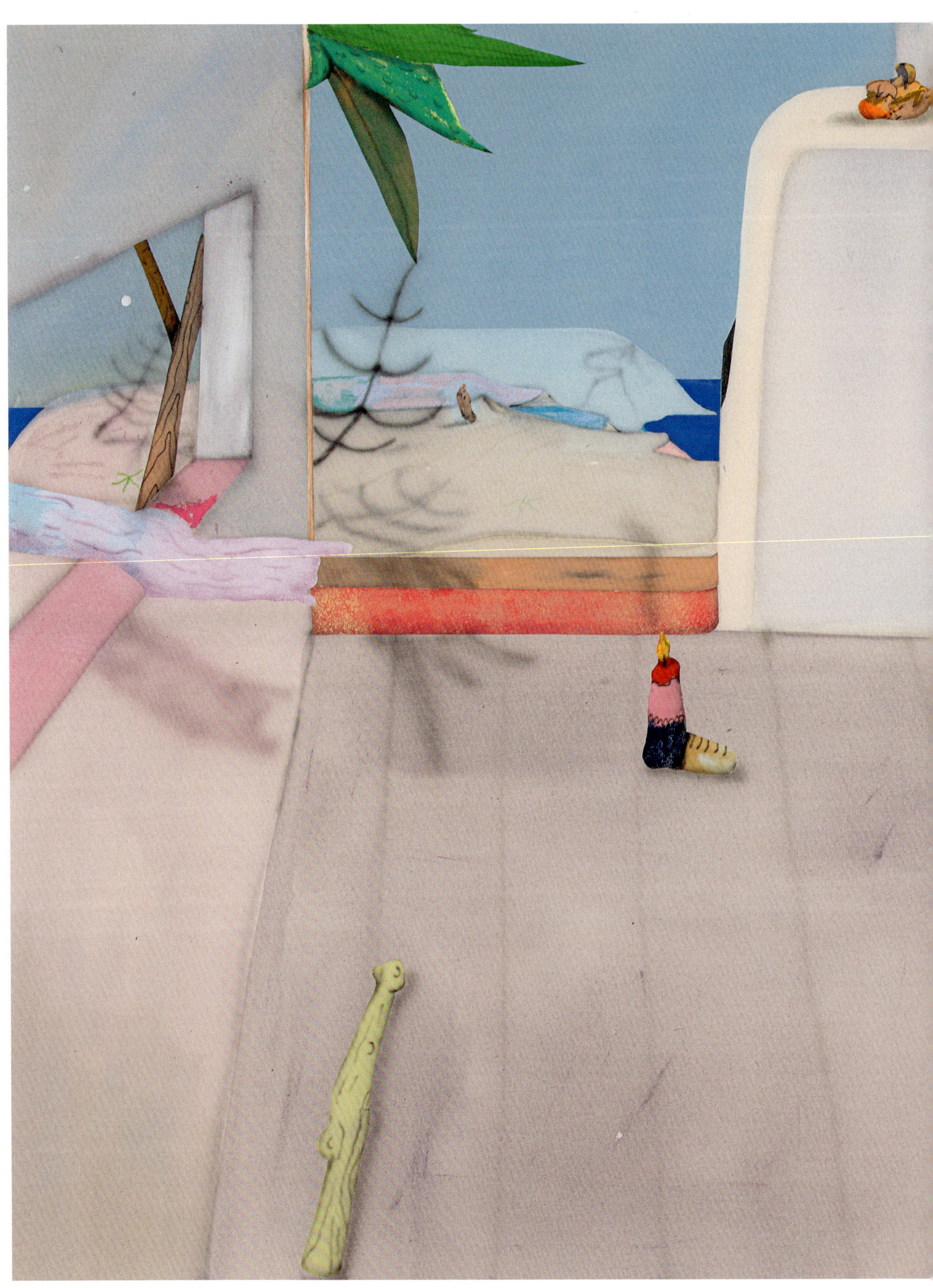

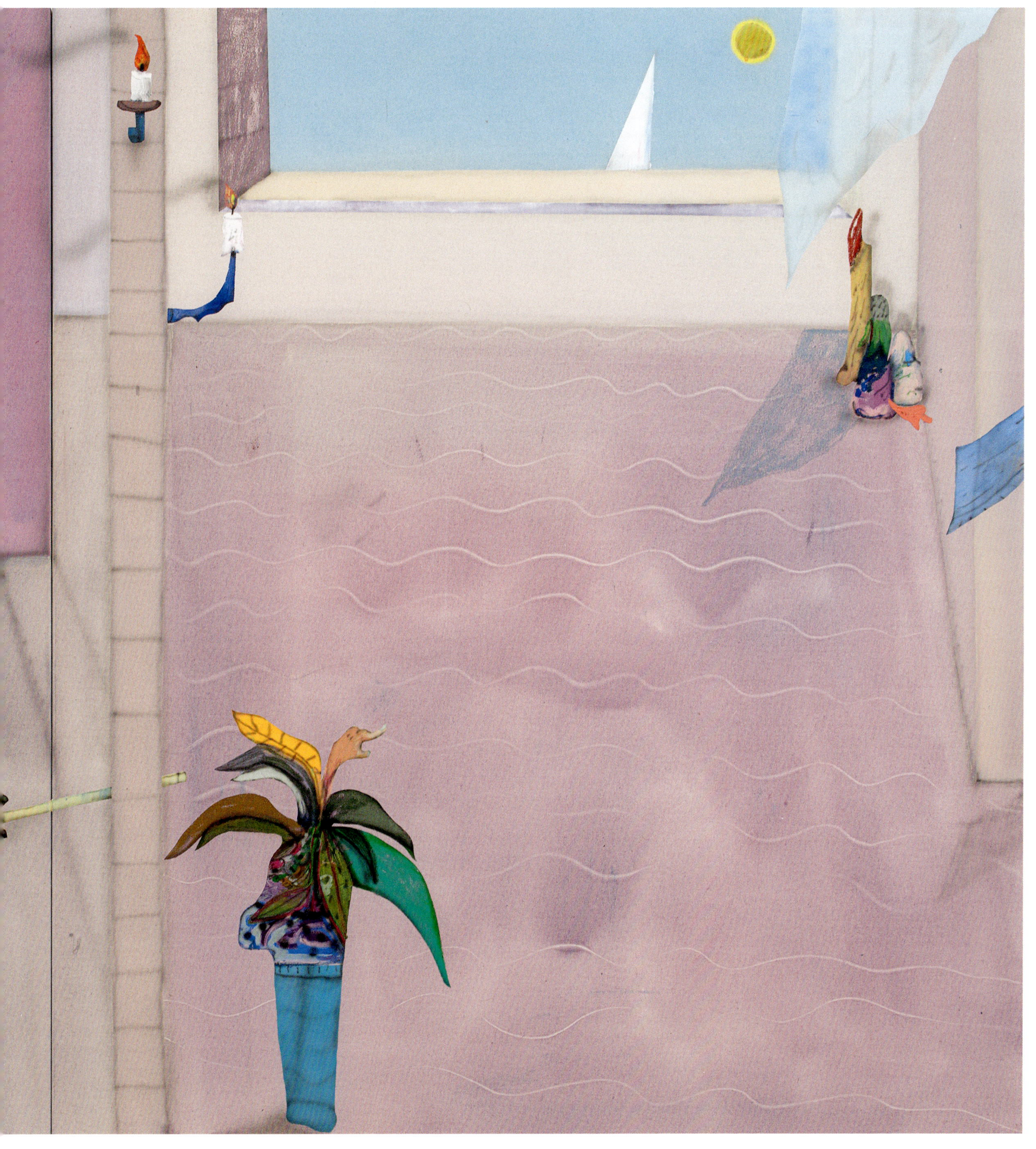

Windswept, 2021

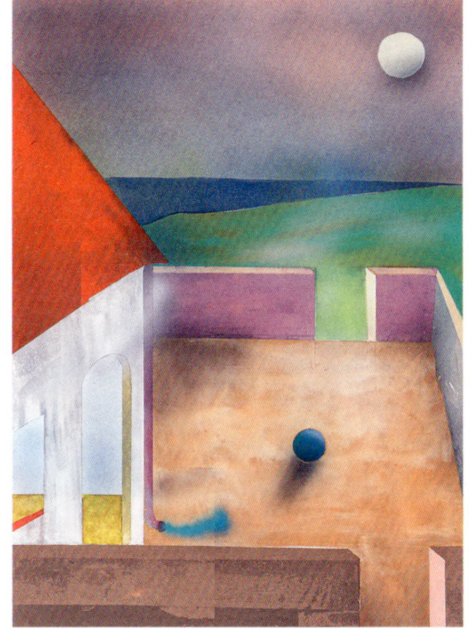
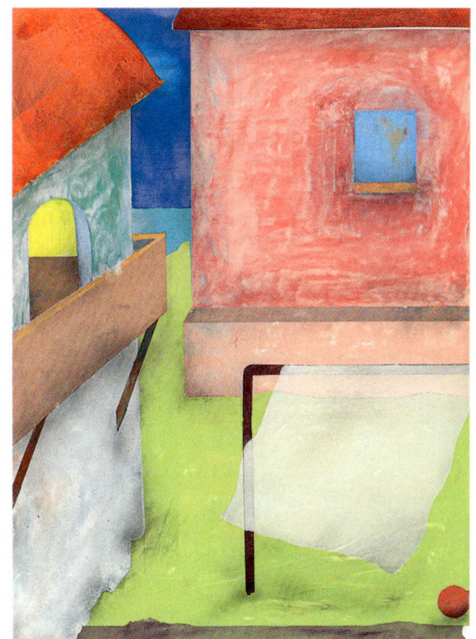
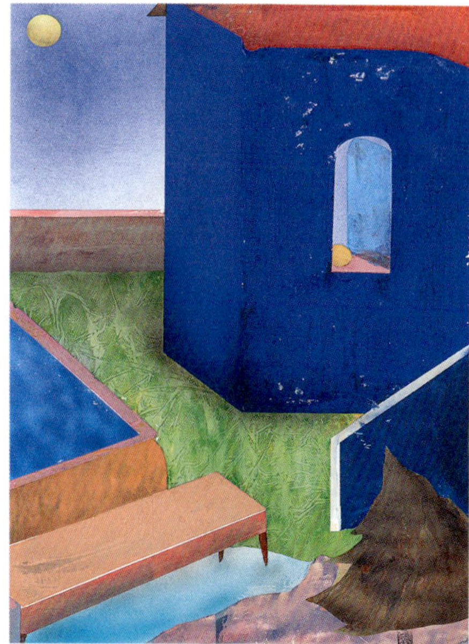
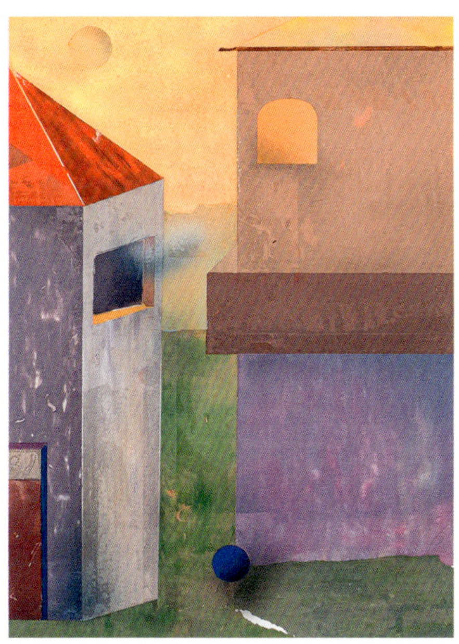
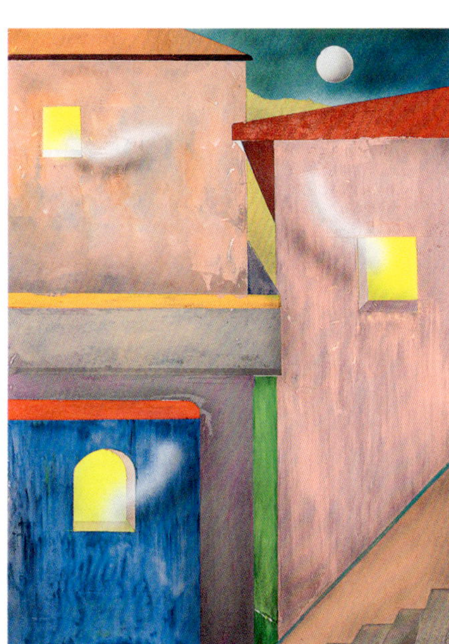
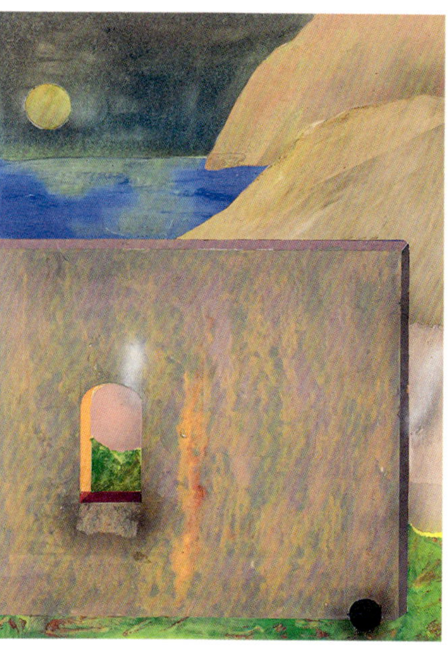

aus der Serie / from the series *Dream Homes*, 2020–21

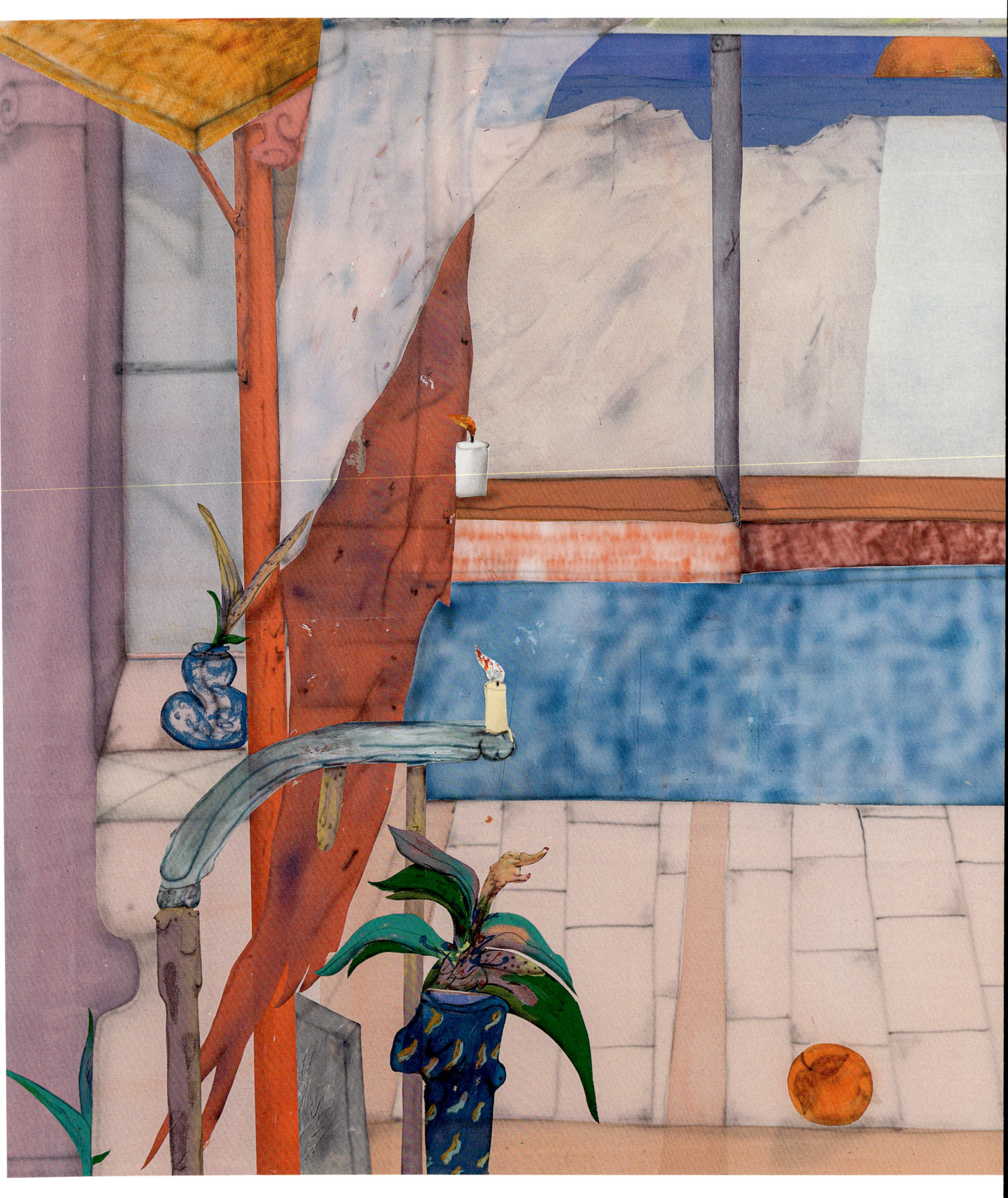

Gape Across The Corridor, 2021

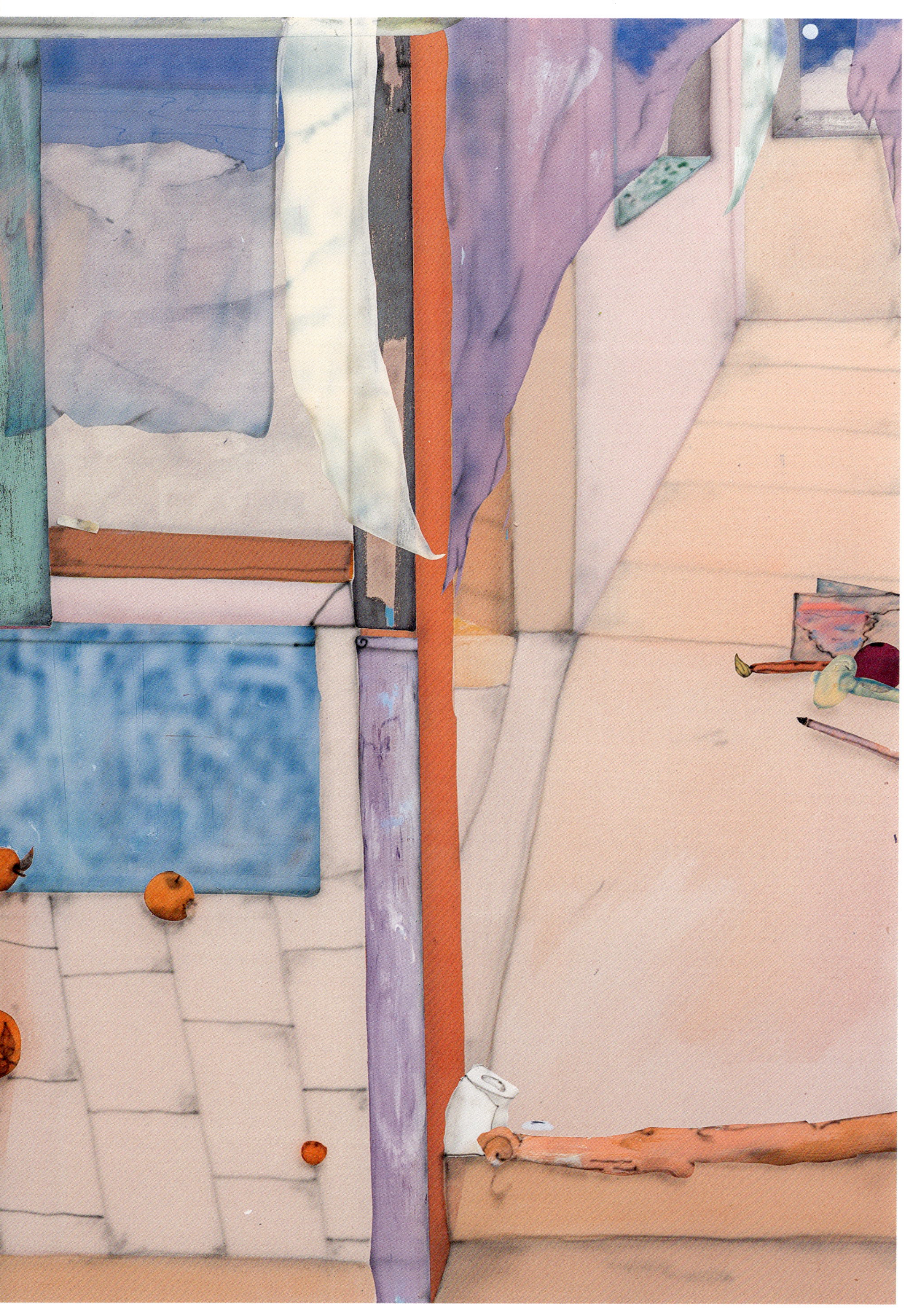

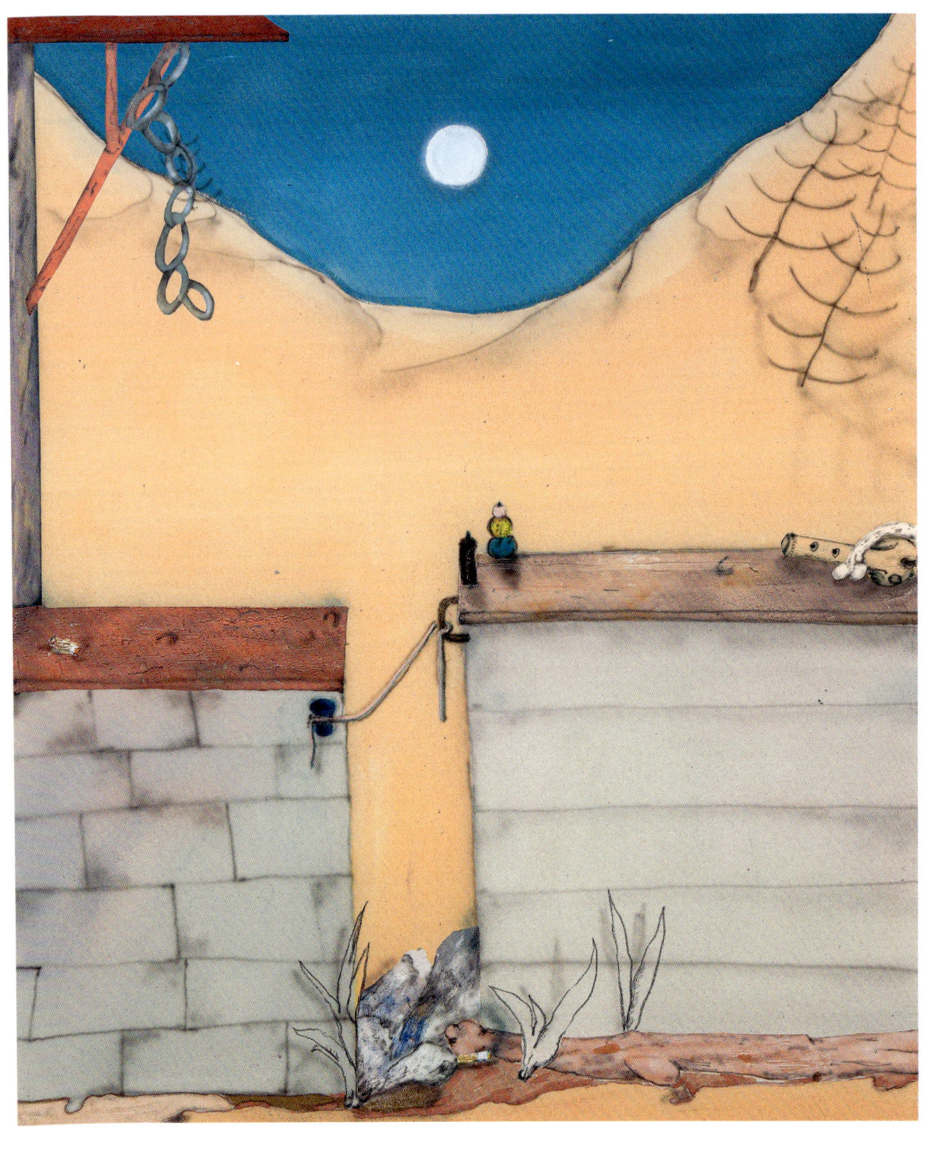

Trespass, 2021

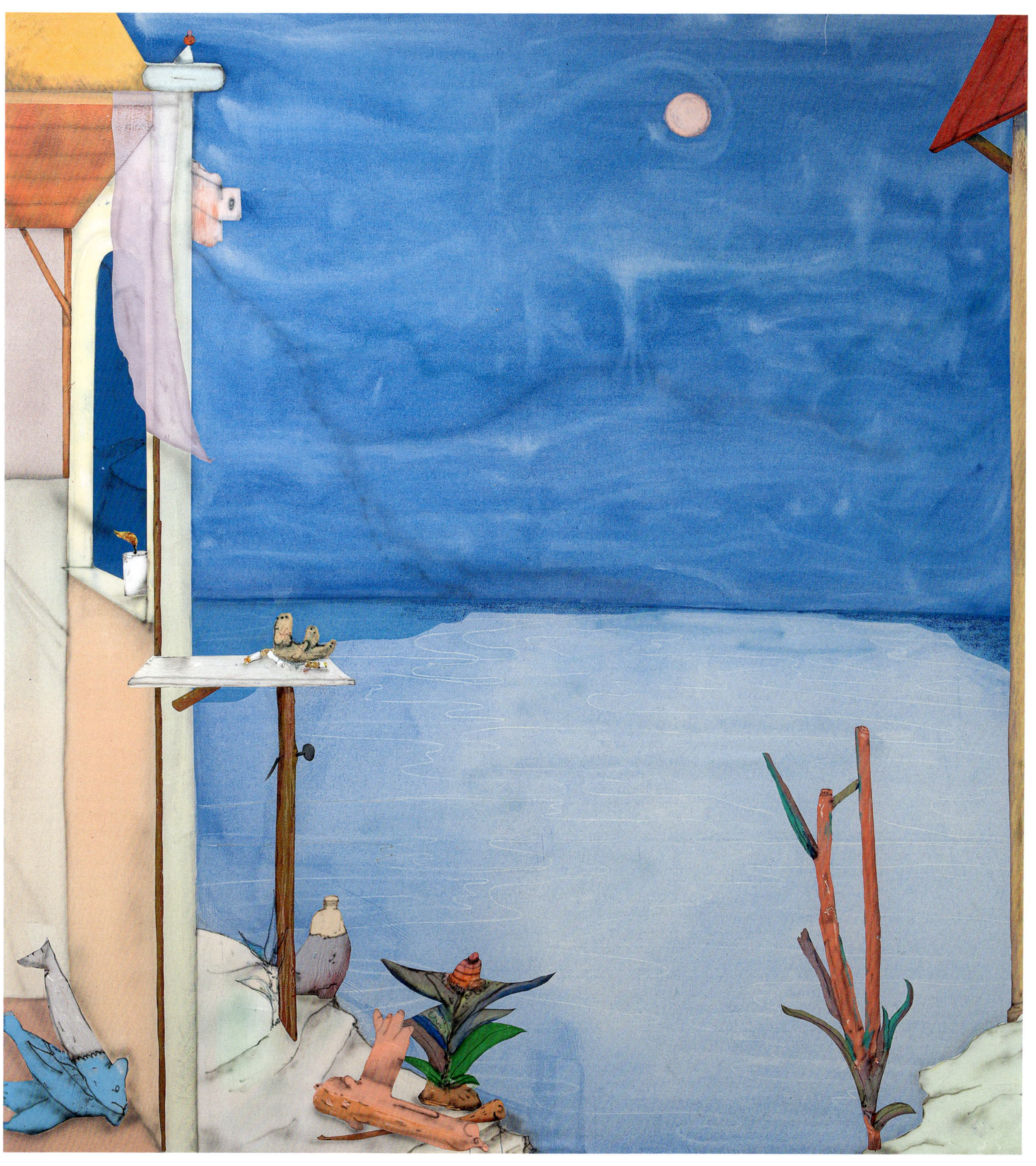

Island, 2021

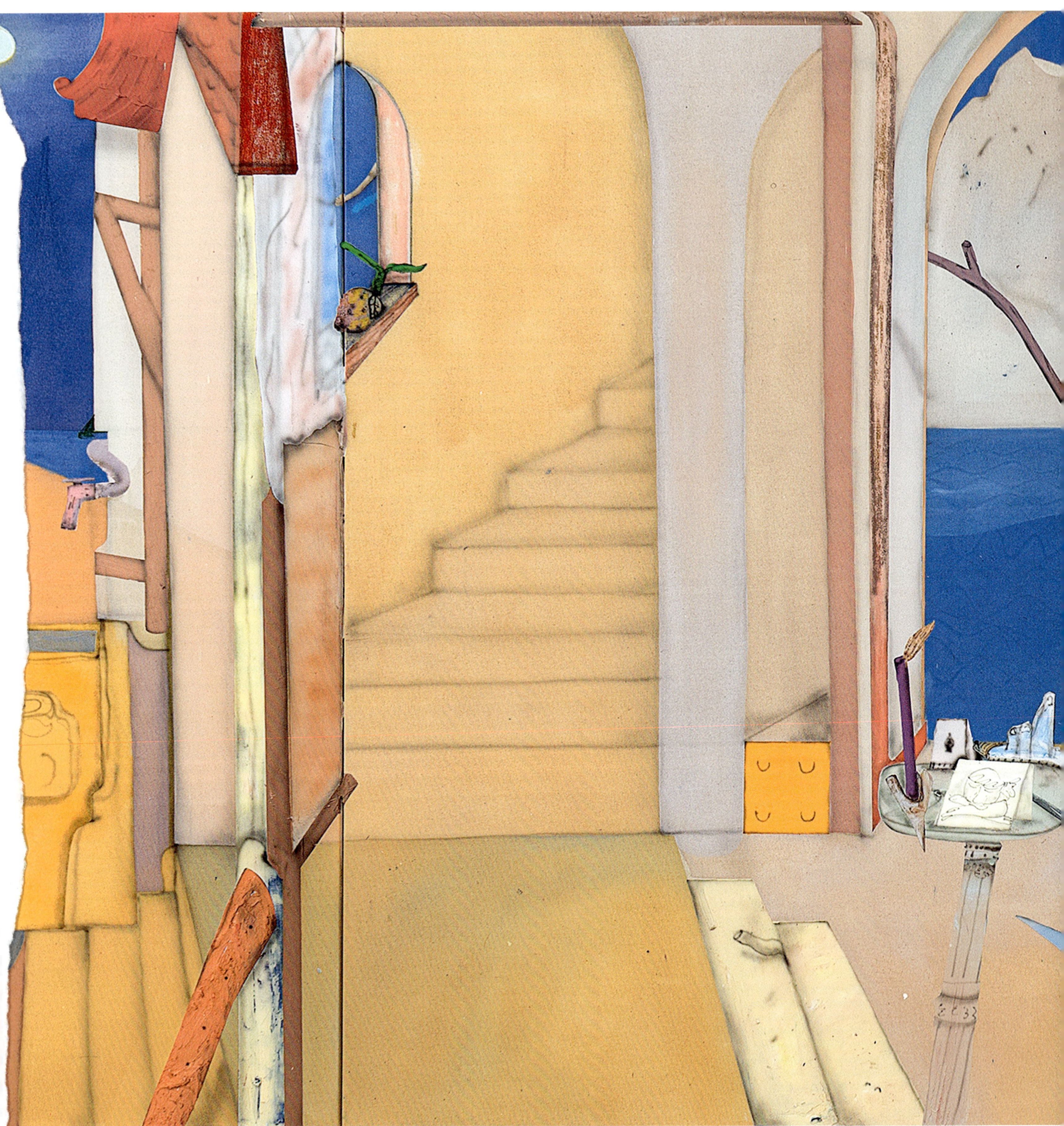

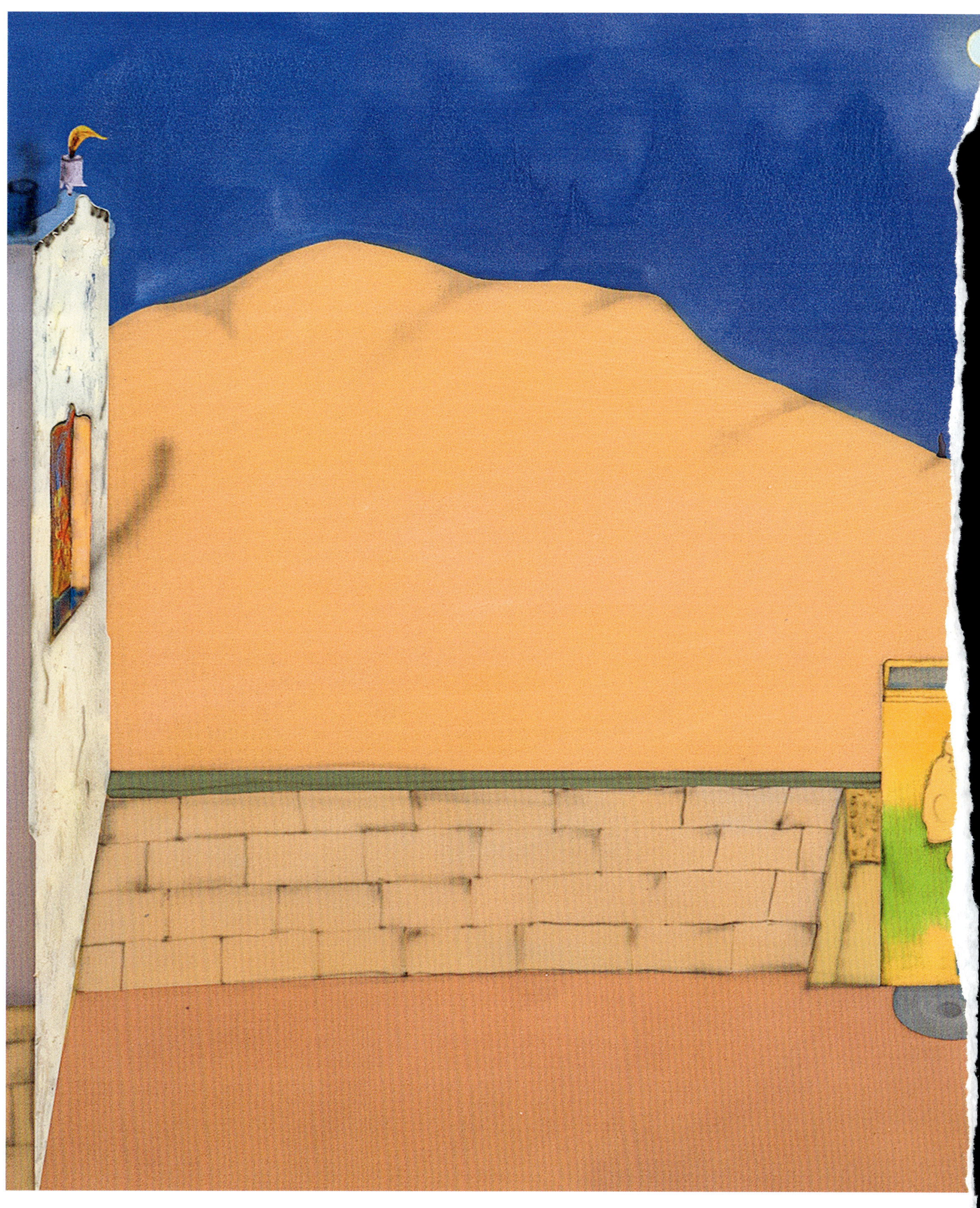

Sundown Doesn't Last All Evening, 2020–21

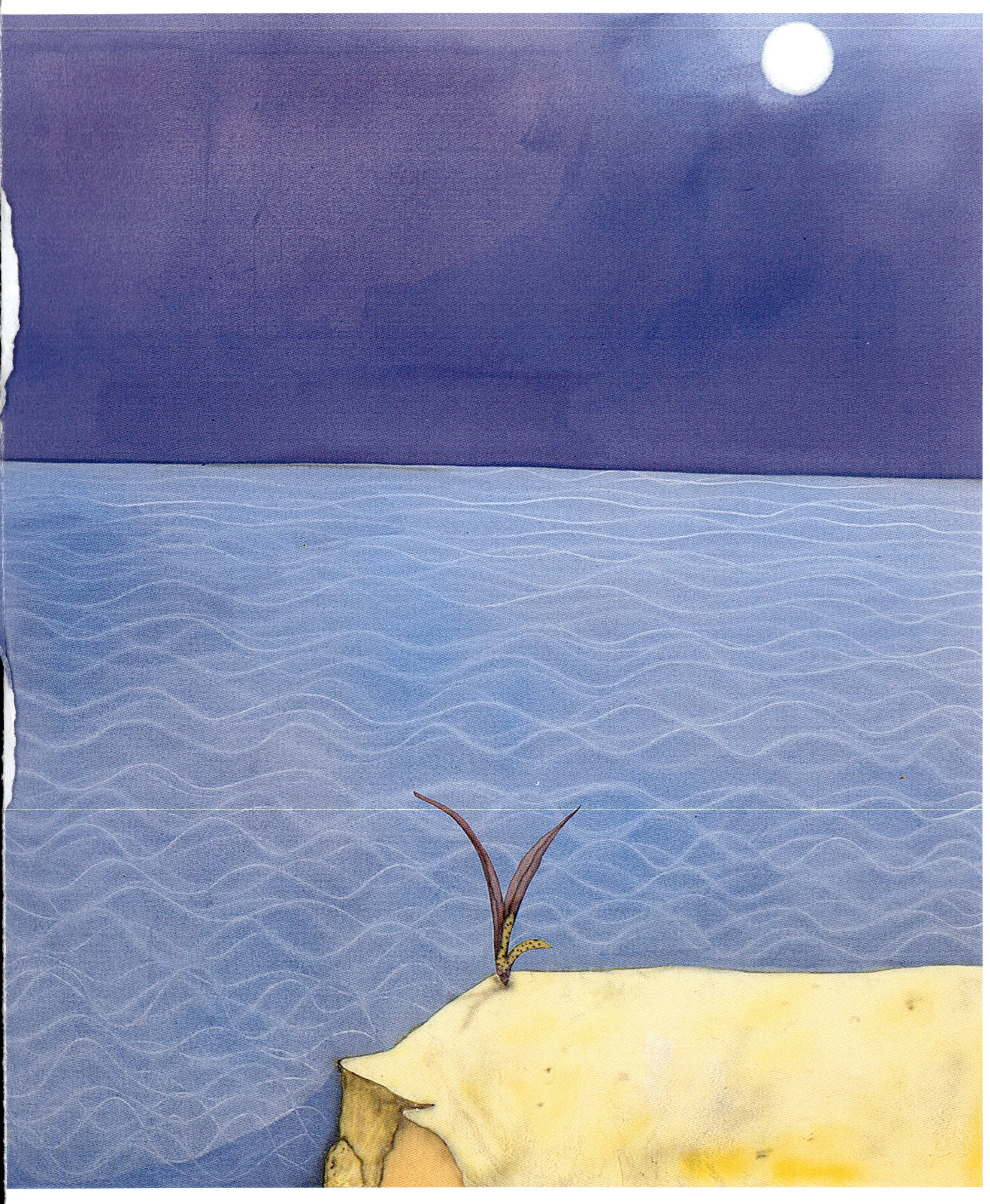

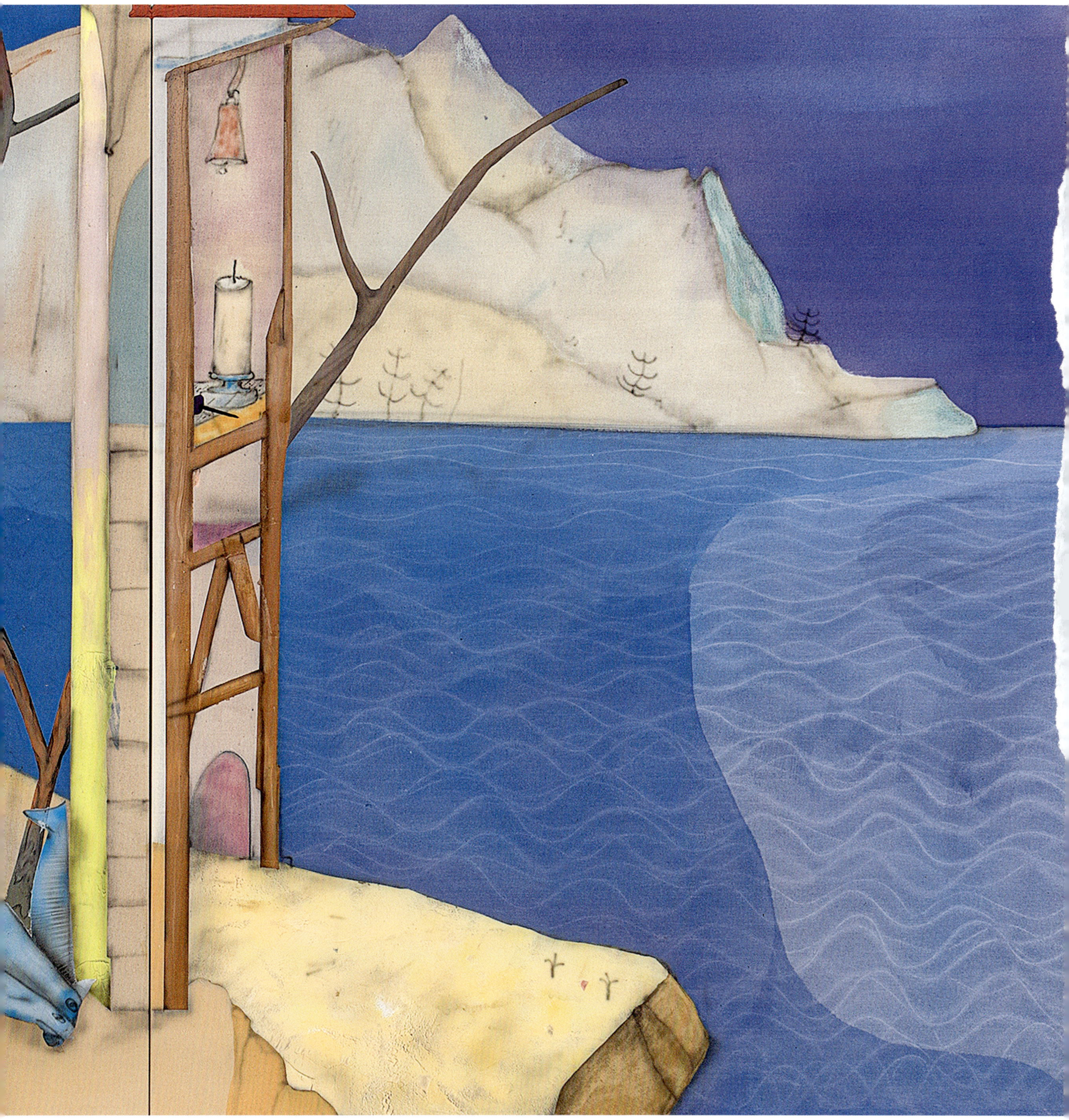

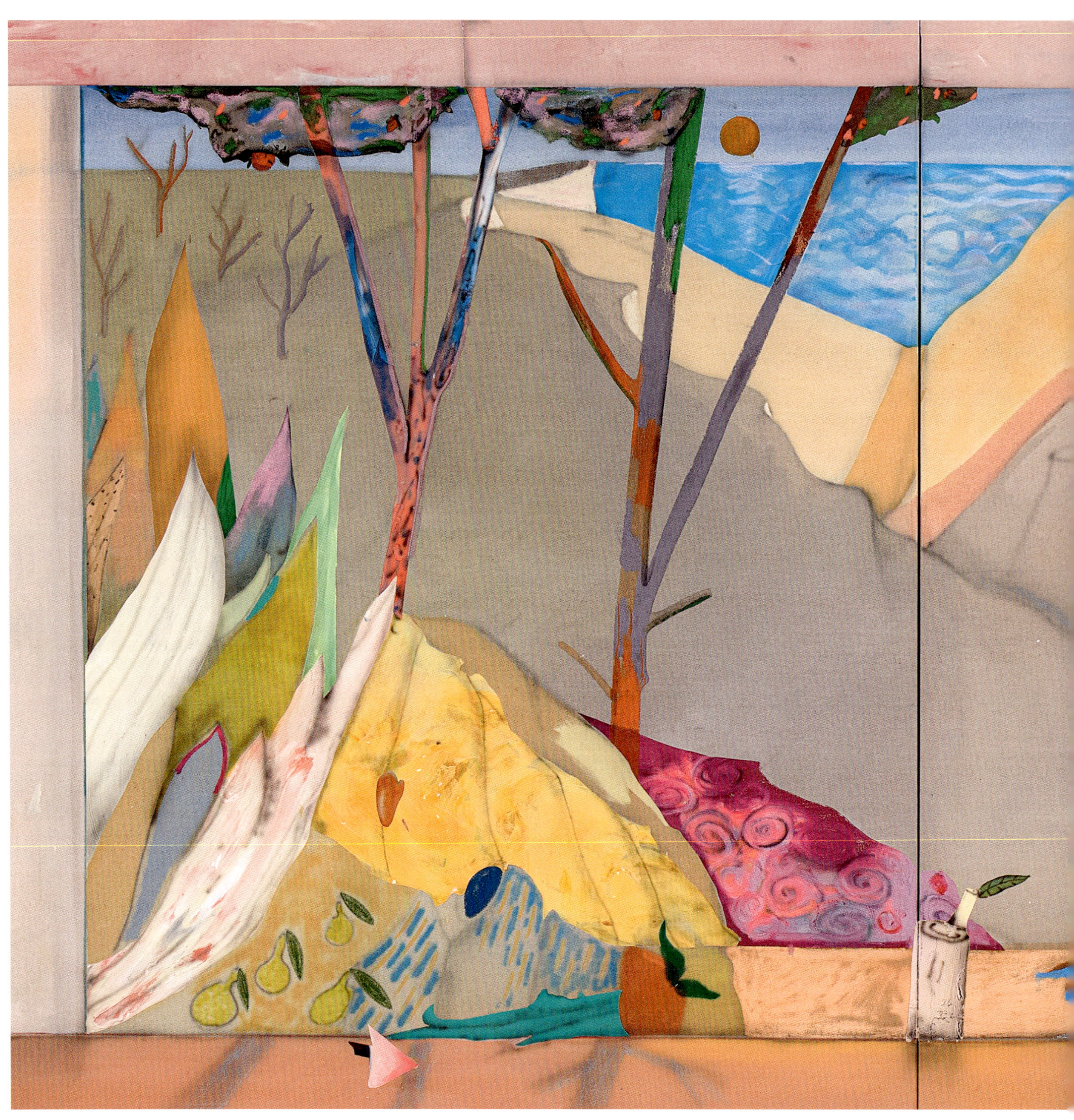

Tall Grass, 2021

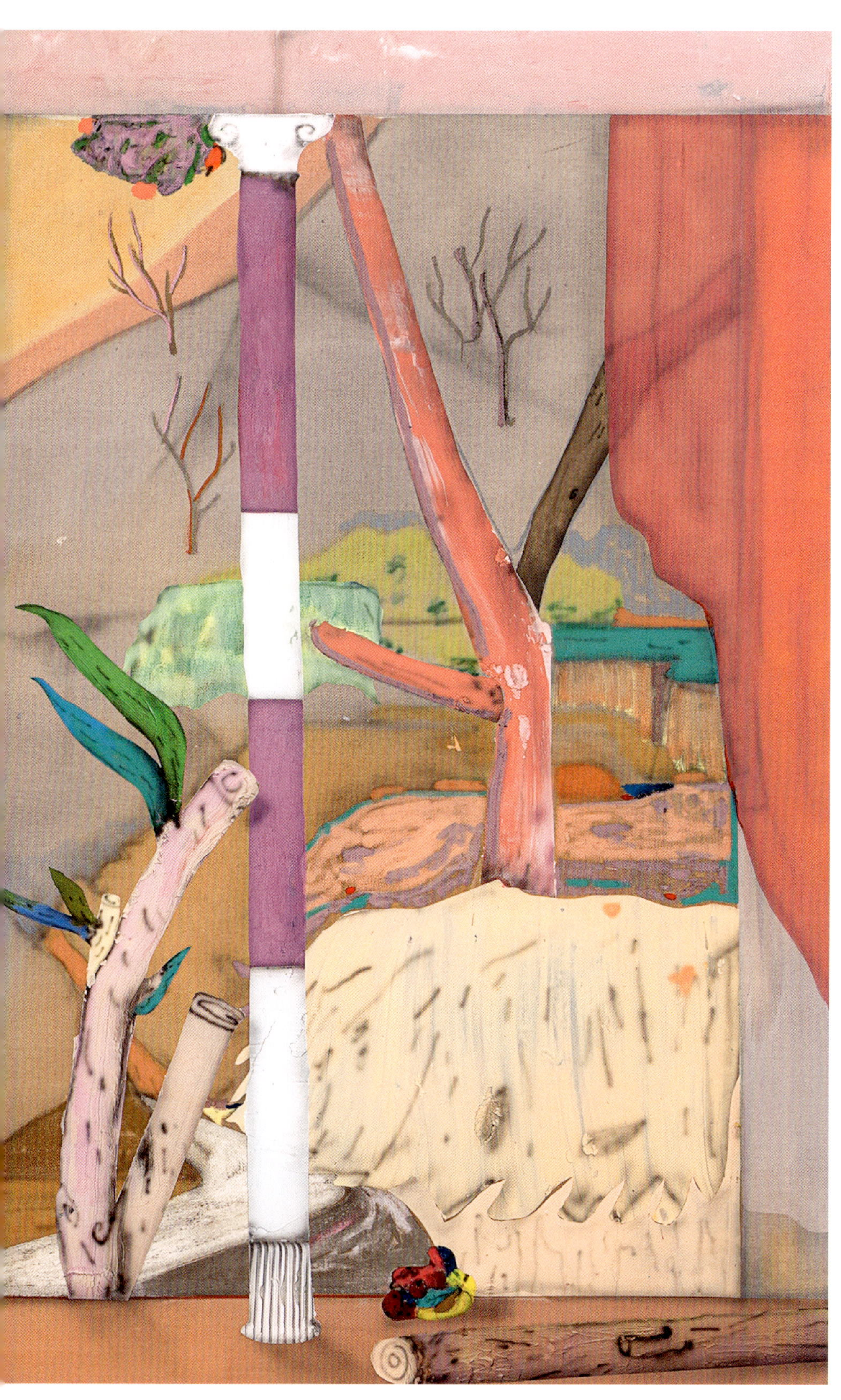

WERKLISTE / LIST OF WORKS

UMSCHLAG / DUST JACKET

Windswept (Detail), 2021, Acryl, Pastell und Tusche auf Leinwand / acrylic, pastel and ink on canvas, 140 × 240 cm

S. / PP. 3–30

Haverkampf Galerie, Berlin

S. / P. 43

aus der Serie / from the series *Others*, 2019, Acryl, Pastell und Tusche auf Leinwand / acrylic, pastel and ink on canvas, 45 × 40 cm

S. / P. 44

My Chair 3, 2021, Acryl, Pastell und Tusche auf Leinwand, acrylic, pastel and ink on canvas, 110 × 90 cm

S. / P. 45

My Chair 2, 2019, Acryl, Pastell und Tusche auf Leinwand / acrylic, pastel and ink on canvas, 100 × 85 cm

S. / P. 46

Anyway, 2020, Acryl, Pastell und Tusche auf Leinwand / acrylic, pastel and ink on canvas, 145 × 130 cm

S. / P. 47

Untitled (Standards Of Living #3), 2021, Acryl, Pastell und Tusche auf Leinwand / acrylic, pastel and ink on canvas, 80 × 65 cm

S. / PP. 48–49

Bed At Night, 2020, Acryl, Pastell und Tusche auf Leinwand / acrylic, pastel and ink on canvas, 175 × 300 cm

S. / PP. 50–51

Dawn, 2018, Acryl, Pastell und Tusche auf Leinwand / acrylic, pastel and ink on canvas, 190 × 320 cm

S. / P. 53

Pale Shelter, 2021, Acryl, Pastell und Tusche auf Leinwand / acrylic, pastel and ink on canvas, 140 × 120 cm

S. / P. 54

Remember That The City Is A Funny Place, 2021, Acryl, Pastell und Tusche auf Leinwand / acrylic, pastel and ink on canvas, 110 × 90 cm

S. / P. 55

Nightout, 2020, Acryl, Pastell und Tusche auf Leinwand / acrylic, pastel and ink on canvas, 140 × 120 cm

S. / P. 56

Outside The Window, 2020, Acryl, Pastell und Tusche auf Leinwand / acrylic, pastel and ink on canvas, 210 × 170 cm

S. / P. 59

aus der Serie / from the series *Dream Homes*, 2020–21, Tusche und Ölpastell auf Fabriano Papier / ink and oil pastel on Fabriano paper, je / each 33 × 24 cm

S. / P. 60

aus der Serie / from the series *Untitled (From My Room)*, 2021, Acryl, Pastell und Tusche auf Leinwand / acrylic, pastel and ink on canvas, je / each 38 × 45 cm

S. / P. 61

Watching, 2020, Acryl, Pastell und Tusche auf Leinwand / acrylic, pastel and ink on canvas, 45 × 38 cm

S. / P. 63

Same Here #3, 2021, Acryl, Pastell und Tusche auf Leinwand / acrylic, pastel and ink on canvas, 160 × 120 cm

S. / P. 64

Calling, 2020, Acryl, Pastell und Tusche auf Leinwand / acrylic, pastel and ink on canvas, 145 × 160 cm

S. / PP. 66–67

Flat, 2021, Acryl, Pastell und Tusche auf Leinwand / acrylic, pastel and ink on canvas, 200 × 250 cm

S. / P. 68

Take A Rest Lucy, 2021, Acryl, Pastell und Tusche auf Leinwand / acrylic, pastel and ink on canvas, 180 × 140 cm

S. / P. 70

Ray, 2020, Acryl, Pastell und Tusche auf Leinwand / acrylic, pastel and ink on canvas, 45 × 40 cm

S. / P. 71

Sudden Craving, 2020, Acryl, Pastell und Tusche auf Leinwand / acrylic, pastel and ink on canvas, 100 × 85 cm

S. / P. 73

aus der Serie / from the series Plein Air, 2021, Tusche und Ölpastell auf Fabriano Papier / ink and oil pastel on Fabriano paper, je / each 33 × 24 cm

S. / P. 74

Outset, 2021, Acryl, Pastell und Tusche auf Leinwand / acrylic, pastel and ink on canvas, 140 × 120 cm

S. / P. 75

Things Last A Long Time, 2021, Acryl, Pastell und Tusche auf Leinwand / acrylic, pastel and ink on canvas, 110 × 60 cm

S. / PP. 76–77

Penthouse Perfection, 2021, Acryl, Pastell und Tusche auf Leinwand / acrylic, pastel and ink on canvas, 180 × 260 cm

S. / P. 79

Over White Knuckles, 2021, Acryl, Pastell und Tusche auf Leinwand / acrylic, pastel and ink on canvas, 180 × 90 cm

S. / PP. 80–81

Lost Weekend, 2021, Acryl, Pastell und Tusche auf Leinwand / acrylic, pastel and ink on canvas, 180 × 260 cm

S. / PP. 83–86

Sunrise Doesn't Last All Morning, 2020–21, Acryl, Pastell und Tusche auf Leinwand / acrylic, pastel and ink on canvas, 140 × 460 cm

S. / PP. 88–89

Where The Current Rushes By, 2021, Acryl, Pastell und Tusche auf Leinwand / acrylic, pastel and ink on canvas, 140 × 240 cm

S. / PP. 90–91

Windswept, 2021, Acryl, Pastell und Tusche auf Leinwand / acrylic, pastel and ink on canvas, 140 × 240 cm

S. / P. 93

aus der Serie / from the series *Dream Homes*, 2020–21, Tusche und Ölpastell auf Fabriano Papier / ink and oil pastel on Fabriano paper, je / each 33 × 24 cm

S. / PP. 94–95

Gape Across The Corridor, 2021, Acryl, Pastell und Tusche auf Leinwand / acrylic, pastel and ink on canvas, 140 × 230 cm

S. / P. 96

Trespass, 2021, Acryl, Pastell und Tusche auf Leinwand / acrylic, pastel and ink on canvas, 110 × 90 cm

S. / P. 97

Island, 2021, Acryl, Pastell und Tusche auf Leinwand / acrylic, pastel and ink on canvas, 180 × 160 cm

S. / PP. 99–102

Sundown Doesn't Last All Evening, 2020–21, Acryl, Pastell und Tusche auf Leinwand / acrylic, pastel and ink on canvas, 140 × 510 cm

S. / PP. 104–105

Tall Grass, 2021, Acryl, Pastell und Tusche auf Leinwand / acrylic, pastel and ink on canvas, 120 × 200 cm

FABIAN TREIBER

BIOGRAFIE / BIOGRAPHY

1986

geboren / born in Ludwigsburg

2015–16

Meisterschüler im *Weißenhof-Programm der Bildenden Kunst*, Staatliche Akademie der Bildenden Künste Stuttgart / Master Student in the *Weißenhof Programme of Fine Arts*, Stuttgart State Academy of Art and Design

2007–15

Staatliche Akademie der Bildenden Künste Stuttgart bei Prof. Reto Boller, Discoteca Flaming Star (Prof. Cristina Gomez Barrio und Prof. Wolfgang Mayer) und Prof. Andreas Opiolka / Stuttgart State Academy of Art and Design with Prof. Reto Boller, Discoteca Flaming Star (Prof. Cristina Gómez Barrio and Prof. Wolfgang Mayer) and Prof. Andreas Opiolka

lebt und arbeitet in / lives and works in Stuttgart

Mitglied im / member of Künstlerbund Baden-Württemberg

STIPENDIEN UND PREISE / SCHOLARSHIPS AND AWARDS

2021

Großer Hans Purrmann Preis (Shortlist) / Großer Hans Purrmann Prize (Shortlist)

2018

Karl Schmidt-Rottluff Stipendium; Marianne u. Hans-Friedrich Defet Malerei-Stipendium; Publikationsförderung des Ministeriums für Wissenschaft, Forschung Kunst Baden-Württemberg / Karl Schmidt-Rottluff Scholarship; Marianne u. Hans-Friedrich Defet Painting Scholarship; Publication grant from the Baden-Württemberg Ministry of Science, Research and Art

2017

Silkscreen Grant, Lepsien Art Foundation, Luxemburg; [ES]positivo 7B Art Residency, Madrid

2016

Aterlierförderung der Stadt Stuttgart / Studio grant from the City of Stuttgart

2014

Walter Stöhrer-Preis für Grafik (Anerkennung) / Walter Stöhrer Prize for Graphic Art (recognition)

2013

12. Kunstwettbewerb Klett-Kunstaktionen, Stuttgart / 12th Klett-Kunstaktionen Fine Arts Competition, Stuttgart

2011

Herbstförderung der Karin Abt-Straubinger Stiftung, Stuttgart / Karin Abt-Straubinger Foundation Autumn Grant, Stuttgart

2008

Akademiepreis der Staatlichen Akademie der Bildenden Künste Stuttgart / Academy Prize from the Stuttgart State Academy of Art and Design

EINZEL-AUSSTELLUNGEN / SOLO SHOWS

2021

For A While Longer, Haverkampf Galerie, Berlin; *Plein Air*, Ruttkowski;68 Galerie, Paris; *Doppio III*, Museum zu Allerheiligen, Schaffhausen

2020

Painting The Night Unreal, Galerie Mark Müller, Zürich / Zurich; *Dream Home Heartache*, KANT Galleri, Kopenhagen / Copenhagen

2019

A Minibar In A Large Scale Room, Kunsthalle Nürnberg, Nürnberg / Nuremberg; *Common Things*, Kunstverein Ludwigsburg; *More Feeling*, Ruttkowski;68 Galerie, Köln / Cologne

2018

Candle, Candle, Kunstverein Sebastianskapelle Ulm e.V.; *Autogrill*, Strzelski Galerie, Stuttgart

2017

Body Doesn't Know, Galerie Mark Müller, Zürich / Zurich; *Front Yard*, pop;68, Ruttkowski;68 Galerie, Köln; *Sleeping In An Unmade Bed*, Galerie Tristan Lorenz, Frankfurt a.M.

2016

There Was Always Something Disturbing, Strzelski Galerie, Stuttgart

2015

Move Your Ass And Your Mind Will Follow – Host Kairos, Experimentierbühne Heusteigtheater, Stuttgart

2014

Blue Beach, Pink Love, Pale Cobra, Strzelski Galerie, Stuttgart; *9 Minuten Vor Vegas*, Schloss Dagstuhl, Leibniz Gesellschaft, Saarbrücken / Wadern

2013

The Drum Beats Out Of Time, Strzelski Galerie, Stuttgart

2011

Jagdgesellschaft, Arbeitstitel Projektraum, Stuttgart

GRUPPEN-AUSSTELLUNGEN (AUSWAHL) / GROUP SHOWS (SELECTION)

2021

This Must Be The Place, Villa Schöninigen, Potsdam; *The Artist is Online – Painting & Sculpture in the digital Age*, König Galerie, Berlin; *Domesticity*, Volery Gallery, Dubai; *Contamination*, G-art-en Artspace, Como; *Großer Hans Purrmann Preis*, Städtische Galerie, Speyer; *Sommervoegel*, Galerie Mark Müller, Zürich / Zurich; *Rewilding*, Nino Mier Gallery, Los Angeles

2020

Hybrids, CFHILL Artspace, Stockholm; *Just Painted*, Kunstverein Neuhausen e.V.; *Mixed Pickles 8*, Wilhelmhallen, Berlin Artweek, Berlin

2019

Artifacts, Nevven Gallery, Göteborg; *Karl Schmidt-Rottluff Stipendium – The Exhibition*, Kunsthalle Düsseldorf; *Frau A. S. trifft Volker Böhringer, zu Gast Fabian Treiber*, Villa Merkel – Galerie der Stadt Esslingen a.N.; *Single, But Happy*, Galerie Mark Müller, Zürich / Zurich; *A Take On Paper*, KANT Galleri, Kopenhagen / Copenhagen

2018

Works on Paper, BEERS Gallery, London; *Interior Motives*, MPV Gallery, Den Bosch; *Rue Charlot*, Ruttkowski;68 Galerie, Paris; *The Art of Living*, Arts Projects Australia, Melbourne; *Ciao, Strizzi*, Ausstellungsraum für Brauchbarkeit, Köln / Cologne; *On the Home Front*, KANT Galleri, Kopenhagen / Copenhagen; *Emergencias del acontecimiento*, Espacio [Es]positivo, Madrid; *Lichtstrasse*, Ruttkowski;68 Galerie, Köln / Cologne; *Rude Assembly*, Campbell Project Space, Sydney

2017

Paper Cuts, tripp Gallery, London; *Mixed Pickles 2*, Michael Horbach Stiftung, Köln / Cologne; *We are the Ones*, Carlsberg City Gallery & Art Hall, Kopenhagen / Copenhagen; *mulhouse 017 – Biennial of young contemporary Art*, Mulhouse; *TRUNK*, Kunstverein Lüneburg e.V.

2016

Gruppe 2, Galerie Tristan Lorenz, Frankfurt a. M.; *Practice, Process, Progress*, Villa Merkel – Galerie der Stadt Esslingen a. N.; *Content*, AKKU Projektraum (Künstlerbund Baden-Württemberg), Stuttgart

2015

Übermorgenkünstler, Staatliche Kunsthalle Baden-Baden; *small & mighty*, Galerie Filser & Gräf, München / Munich; *Monochromosomen*, Domagk Ateliers, München / Munich

2014

Walter Stöhrer Preis, Galerie Friese, Stuttgart; *Baby You Can Drive My Car*, Kunstverein Gästezimmer e. V., Möhringen; *Stand.Jetzt*, Fritz und Hildegard Ruoff Stiftung, Nürtingen; *To Heaven and Back*, Kunstverein Neuhausen; *Show 3*, Soglia Artspace, Leipzig

2013

no place to hide – Ort Kontrolle Produktion, Agentur für Arbeit, Stuttgart; *no place to hide – Return to Sender*, KW Institute for Contemporary Art, Berlin

2012

Vergessen sie nicht die Wuchskraft der Bambuswurzeln, Villa Merkel – Galerie der Stadt Esslingen a. N.; *Closest to Paradise*, Kunstverein Oberer Neckar, Horb a. N.

2011

Jetzt, Jetzt, Kunstmuseum Reutlingen; *Fluten*, Galerie Müller-Roth & Galerie Michael Sturm, Stuttgart; *Show me yours, I show you mine*, Wilhelmspalais, Stuttgart

PUBLIKATIONEN / PUBLICATIONS

Fabian Treiber: Palazzo, Hrsg. Kunsthalle Düsseldorf & Karl Schmidt-Rottluff Stiftung, Düsseldorf 2019

Fabian Treiber: More Feeling, Hrsg. Ruttkowski;68 Galerie, Köln / Cologne & Paris 2019

Fabian Treiber: Late Night on the Shop Floor, what Language was I speaking, Hrsg. Institut für moderne Kunst Nürnberg & Kunsthalle Nürnberg im KunstKulturQuartier, Nürnberg / Nuremberg 2019

Fabian Treiber: Candle, Candle, Hrsg. Fabian Treiber & Nicolas Zupfer, Verlag für moderne Kunst, Wien / Vienna 2018

Fabian Treiber: Sleeping in an unmade Bed, Hrsg. Galerie Tristan Lorenz, Frankfurt a. M. 2017

Fabian Treiber: Staring into Space, Hrsg. Staatliche Akademie der Bildenden Künste Stuttgart & Villa Merkel – Galerie der Stadt Esslingen a. N., Stuttgart & Esslingen 2017

Fabian Treiber: Einige Arbeiten, Hrsg. Strzelski Galerie, Stuttgart 2015

Fabian Treiber: Decorative Modernism, Hrsg. Fabian Treiber & Nicolas Zupfer, Stuttgart 2015

To heaven and back & baby you can drive my car, Hrsg. Kunstverein Gästezimmer & Kunstverein Neuhausen, Möhringen & Neuhause 2015

Stand Jetzt, Hrsg. Walter Stöhrer Stiftung, Stuttgart 2014

no place to hide – Ort Kontrolle Produktion, Hrsg. Felix Ensslin / Staatliche Akademie der Bildenden Künste Stuttgart, Stuttgart 2014

Vergessen sie nicht die Wuchskraft der Bambuswurzeln, Hrsg. Villa Merkel – Galerie der Stadt Esslingen a. N., Esslingen a. N. 2013

Show me yours, I show you mine, Hrsg. Staatliche Akademie der Bildenden Künste Stuttgart, Stuttgart 2011

Jetzt, Jetzt, Hrsg. Kunstmuseum Reutlingen, Reutlingen 2011

WERKE IN ÖFFENTLICHEN SAMMLUNGEN / WORKS IN PUBLIC COLLECTIONS

X Museum, Peking / Beijing; M WOODS Museum, Peking / Beijing; Museum zu Allerheiligen, Schaffhausen; Sammlung Credit Suisse; Kunstmuseum Stuttgart; Ståhl Collection, Norrköping; Public Collection of Region Västra Götaland, Göteborg; Kunstmuseum St. Gallen – Dauerleihgabe Privatsammlung / permanent loan from private collection; Graphische Sammlung der Stadt Esslingen a. N.; Defet Kunstsammlung Nürnberg; Graphothek der neuen Stadtbibliothek Stuttgart; Regierungspräsidium Stuttgart; Kunstsammlung Schloss Dagstuhl, Wadern; Kunstsammlung der Staatlichen Akademie der Bildenden Künste, Stuttgart; Sammlung Karin Abt-Straubinger, Stuttgart

IMPRESSUM / COLOPHON

Dieser Katalog erscheint anlässlich der Ausstellung / This catalogue is published on the occasion of the exhibition *Fabian Treiber: For A While Longer*, 29.10.–11.12.2021.

Haverkampf Galerie
Philipp Haverkampf &
Carolin Leistenschneider
Mommsenstraße 37
10629 Berlin, Germany
www.haverkampf.gallery

HERAUSGEBER / EDITOR

Haverkampf Galerie

KONZEPT & GESTALTUNG / CONCEPT & DESIGN

Studio Nicolas Zupfer
www.nicolaszupfer.com

REDAKTION / MANAGING EDITORS

Carolin Leistenschneider, Fabian Treiber, Nicolas Zupfer

TEXTE / TEXTS

Philipp Haverkampf & Carolin Leistenschneider, Invar-Torre Hollaus, Harriet Zilch

ÜBERSETZUNG / TRANSLATION

Bonnie Begusch

GESAMTHERSTELLUNG / PRODUCTION

Offizin Scheufele Druck & Medien GmbH

BILDNACHWEIS / PHOTO CREDITS

Fabian Treiber (Schutzumschlag / dust jacket, S. / pp. 34–105), Nicolas Zupfer (S. / pp. 5–33)

VERTRIEB & MARKETING / DISTRIBUTION & MARKETING

DCV
sales@dcv-books.com

ISBN 978-3-96912-069-9
Printed in Germany

ERSCHIENEN BEI / PUBLISHED BY

DCV
www.dcv-books.com

DCV

DER KÜNSTLER DANKT INSBESONDERE / THE ARTIST ESPECIALLY THANKS

Nicolas Zupfer, Harriet Zilch, Invar-Torre Hollaus, Bonnie Begusch, Carolin Leistenschneider und / and Philipp Haverkampf für die konstruktive und intensive Zusammenarbeit an diesem Buch / for the constructive and intensive collaboration on this book.

WEITERER DANK / ACKNOWLEDGEMENTS

Nils Müller, Hannah Kamm, Kerry Harm Nielsen, Anna Gram Sørensen, Julia Apitzsch, Mark Müller, David Hürlimann, Anat Ebgi, Frédéric Dedelley, Julian Denzler, Philip Emde, Ruben Schneider, Anne Vieth, Dave Bopp und / and Lisa Treiber.

GEFÖRDERT DURCH / FUNDED BY

Stiftung Kunstfonds
Neustart Kultur

STIFTUNGKUNSTFONDS

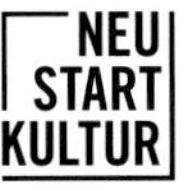